# NOTRE DERNIÈRE SAUVAGERIE

DU MÊME AUTEUR :

*La biche ne se montre pas au chasseur*, D'un noir si bleu, 2012.
*Les gens heureux n'ont pas d'histoire*, J.-C. Lattès, 2016.

Éloïse Lièvre

# Notre dernière sauvagerie

*récit*

Fayard

Couverture : Hokus Pokus

ISBN : 978-2-213-71698-5

*Pour Enguerrand et Brune*

# JE SAIS POURQUOI

Le 12 décembre 2014, j'ai commencé à prendre des photographies des gens qui lisent dans le métro.

Je sais pourquoi.

Au début, je voulais, sans même qu'il le sache, donner tort à quelqu'un. Il pensait, entre autres catastrophes annoncées, que les gens ne lisaient plus. Je voulais accumuler des preuves contre cette conviction pessimiste qui veut que le livre soit menacé d'extinction, espèce parmi les espèces.

Ce quelqu'un était l'homme avec lequel je vivais encore, mon mari, que je n'identifierais bientôt plus que par la périphrase de l'inaliénable, *le père de mes enfants*. J'allais mal. Nous allions mal. *Nous* allait mal. *Plus rien ne semblait avoir de sens*. La phrase est figée, le constat blanc, protocolaire, mat. Elle énonce ce qui tient encore lorsque tout le reste vacille et finit par céder. Plus rien ne semblait avoir de sens que le délitement de ce qui avait duré, ce qui s'était construit, au bout du compte bancal, entre les étais de nos volontés. Nous avions été présomptueux comme tout le monde. Nous nous étions sentis protégés par nos ardeurs de conquête, la rapacité jeune, et notre certitude d'être différents, comme tout le monde, de savoir échapper à l'usure. On croit bien faire, mais c'est toujours comme ça, il faudrait prévoir qu'on ne peut jamais prévoir.

Nous nous séparions.

Ce n'était pas une décision qui aurait été prise, c'était un long mouvement de détachement. Nous nous séparions, nous commencions tout juste à nous séparer, nous n'en finissions plus de nous séparer.

Une rupture. C'est toujours soi, à l'intérieur de soi, que ça rompt.

Je voulais aussi, en prenant dans mes trajets quotidiens des photographies des gens qui lisent, trouver dans mon existence quelque chose pour tenir. Je me demandais : à présent, comment vivre ? Je me demandais : où trouver le sens ? J'étais un cerveau à ciel ouvert. Je pensais que l'action nous manquait. Non pas à *nous* seulement, ce nous-couple à présent découplé, mais à nous tous, dont les vies extérieures ressemblent à des colliers de perles. Ce n'était pas que l'action avait disparu, mais elle s'était absentée dans sa forme visible, dans sa forme pleine et digne. Elle avait mué, troqué son enveloppe ample contre une autre plus petite, comme dans une croissance à rebours, envers exact de l'expansion des garde-robes d'enfants. Plus de décisions, plus de seuils, plus de franchissements grandioses, plus d'épique, plus d'élan plus loin que les vacances prochaines, la seule évasion qu'il nous restait, régulière, organisée, solennelle. Et jusque-là, le lent surplace des semaines. L'action ne s'inscrivait plus que dans des périmètres gardés, le confort d'un appartement, la familiarité d'un bureau, périmètres lacés des servitudes continuelles, douces quand bien même, puisque c'est commode les limites, les étroitesses, rassurant, le pré carré gestionnaire, administratif, intendant, changement d'échelle, changement à grande échelle, réduction, retranchement. L'action s'était abrégée en actes, puis en gestes, et de ces gestes, ce serait la répétition, cette répétition dont les corps en fatigue sont tous frères, qui tiendrait lieu de seule grandeur.

La vie, quel est son diminutif ?

Ce n'est pas grave, ce n'est pas moins un héroïsme, mais celui des minuties.

Se marier, des enfants, et puis ? Quinze ans de vie commune. *Commune.*

Je me demandais : comment vivre ? Comment ne pas disparaître ? Comment ne pas fondre car je me sentais cire ? Comment agir ? Comment agir dans l'écoulement, la fonte même, dans le serti des jours, le carcan coutumier (et ce n'est pas que la plupart du temps il ne soit pas gai) ? Comment agir dans la joie tranquille et blême des gestes décuplés ?

Je pensais à ce fragment de phrase prélevé comme un os surnuméraire dans un corps fonctionnel, une épine dans la pulpe, à ma lecture de *Wuthering Heights*, mon nouveau mantra de séparée : « une mélancolie plus douce que la joie ordinaire ».

Des mains entrent dans le champ. Elles sont très pâles. Elles prolongent des poignets déliés et secs dont les attaches semblent graciles et sur lesquels les lumières artificielles déposent des alluvions plus clairs encore que la peau. Autour du poignet gauche, le bracelet brun d'une montre, où brillent deux micas. Ce sont des mains de femme. Elles jaillissent des manches d'un pull noir, débordant, lui, des manches d'un manteau sombre mais moins sombre, bronze. En vérité, des mains, on ne voit presque rien. Les pouces, ongles ras mais pas rongés, sur le bas de page, des poignets vifs, précis. Mains et livre sont posés sur un sac de toile beige dont un nombre et deux lettres visibles me permettent de deviner la provenance. Les mains tiennent le livre, fermement, elles l'agrippent comme pour forcer son ouverture. Je reconnais ce geste-là, un peu impérieux, un peu impatient, d'imposer au livre sa fonction, de vaincre la résistance de sa forme matérielle en faveur d'une relation impalpable, de la substance intactile des rêves, la lecture. Elle vient à peine de commencer ici, ce qui peut expliquer la petite insoumission concrète du livre, la courbe jolie, presque exaltée, tout près de la tranche, et le feuilleté de ses pages de gauche, un éventail de papier avide de liberté. Tout est presque noir autour. Mains, livre et sac font un îlot de clarté, et de cette enclave, le point culminant serait les pages ouvertes, planches de lumière où le lierre très sage des caractères d'imprimerie pousserait en treille, indéchiffrables pour l'observateur, comme le visage de la lectrice que la photographie se doit de réserver, et le titre de son livre que l'on ne connaîtra jamais. Mais le plus émouvant, ce sont les cinq fragments de lignes que la composition typographique et la respiration des paragraphes laissent blancs. Si l'on se concentre bien un instant, on arrive à ne plus voir que cela, ces canaux qui se jettent dans les marges ou les soulagent et irriguent le texte, ces trouées, ces persiennes désaccordées, ces sillons de labours excessivement parcellaires, ces rigoles pour l'écoulement du mystère, ces voies creusées pour tous, vallée, impasses, appels d'air, des silences dont il faut faire chair.

C'est là qu'il faut être. Se glisser. Sur les livres, dans les blancs des pages, dans la lecture des lecteurs, il y a quelque chose encore à écrire.

Lorsque j'ai pris la première photographie, je n'ai rien vu de tout cela. Je ne me souviens ni du livre, ni des mains qui le tenaient, ni de la personne qui lisait. J'étais concentrée sur mon geste, une hardiesse inconnue de moi. Je n'ai rien vu, parce que ce qui compta, ce fut de franchir le pas. Soudain, j'osai.

J'ai pris mon téléphone et je me suis fondue dans la masse. J'ai soutenu le paradoxe de ne pas sortir mon livre de mon sac pour me saisir plutôt de la petite machine et j'ai fait mine de m'absorber dans l'écran, comme tous ces gens autour, tout le monde. Presque.

Être tout le monde. Partir de là. Être un corps dans la masse, la partie quelconque d'un corps massif et fragmenté, le corps synthétique des gens, du peuple du métro.

Mais mon pouce a ouvert l'application photographique et j'ai orienté l'appareil de manière que, tout en donnant le change de l'activité panurgique, inoffensive et invisible, je puisse voir apparaître sur mon écran l'objet de ce qui n'était alors encore qu'une impulsion.

Tout de suite, j'ai eu conscience d'une espèce de délinquance. Adrénaline, pic, sève abrupte, ascendante, *shoot*. L'apnée. J'étais fragile, je ne l'aurais jamais fait si je n'avais pas été fragile. La convoitise de *faire une connerie*, une de ces prouesses ingénument revenue des adolescences passées sages et sous silence. Ne pas réfléchir. Avoir peur. Le souffle suspendu, la tension. Je cherchais l'action, quelque chose d'intense, même dérisoire, le précipité des émotions. Quelque chose aussi qui m'appartiendrait. J'ai cadré, mon pouce sur la cible, j'ai pris la photo, j'ai pris la prise. Le bruit a retenti, sans doute imperceptible dans la rumeur mécanique du métro, mais pour moi comme une détonation. Forfait. Joie brute de gamine.

Elle peut paraître puérile, et en effet elle l'était. Une impondérable joie, aux proportions dévergondées. Mais cet acte, car ça n'était pas seulement un geste, avait converti ma fragilité en audace. Je m'étais sentie soudain investie de témérité, et donc, d'une certaine manière, de courage.

Le 12 décembre 2014, j'ai volé la première photographie. Ce ne fut pas seulement une source d'exaltation personnelle. Ce ne fut pas autre chose que l'amorce d'une résistance.

Puis il y a eu le 7 janvier. Je ne peux pas écrire *c'était le 7 janvier*. Je ne peux pas écrire le 7 janvier et continuer la phrase comme si c'était un jour quelconque. La séparation que j'étais en train de vivre était une fin, mais le 7 janvier, j'ai eu le sentiment du début de *quelque chose*.

Je n'ai pas pris le métro le 7 janvier. C'était un mercredi, mais cela aussi résonne comme une habitude vide. En fin de matinée, je suis allée chercher les enfants à l'école et je suis restée avec eux dans la chambre, celle des parents qui allait être bientôt seulement ma chambre, sur le lit couvrant presque toute la surface de la petite pièce, que j'avais baptisé le radeau, puisque nous vivions une espèce de naufrage, et qui allait bientôt être remplacé par un lit plus étroit, monacal, une place.

Je me ligotais aux réseaux. J'allumais la télévision, c'était un grand flot obsédé. Les couleurs catastrophiques des images giclaient, les commentaires saillaient, ils venaient assiéger le nid dans lequel je voulais prendre les enfants, les enfouir, me calfeutrer avec eux, nous isoler du monde, pas celui qui était encore là à se débattre comme un poisson hors de l'eau, pas celui-là mais l'autre, celui qui viendrait, qui venait d'ouvrir grand sa gueule.

J'expliquais aux enfants.

Depuis ma douleur médusée, pas d'autre désignation possible que le massacre de l'enfance banale. Je revois un petit déjeuner de dimanche, évident, paisible dans la campagne criblée de bruit d'insectes et d'oiseaux, des dessins au trait fin dans le froissement du journal au nom drôle de basse-cour, dont je lis des bribes au verso de mon père, école du pouvoir des mots et de leurs jeux, sous le soleil d'un univers magnifié et sincère, sans le secours d'aucun dieu, une tapisserie païenne. Nous écoutons Georges Brassens, nous écoutons Charles Trenet, douce France, le cher pays de nos enfances. Je suis une petite fille dans la moyenne. Au poignet une chaînette de clichés. Je lève le bras dans ce soleil pâle, je la contemple. Je lève le bras dans le soleil commun, comme tous les enfants moyens de 1974 et autour à peu près, comme tous les enfants qui n'ont pas d'exotisme mais sans doute de la chance, et nous faisons tinter nos breloques semblables. Certains soirs après l'école, j'ai droit à « Récré A2 », je me souviens surtout de *Mes mains ont la parole*, de la femme au visage rond et aux cheveux de jais, sourire et étonnement indéfectibles, mais aussi de l'homme à la coiffure de moine et aux petits binocles. Derrière l'Épinal du petit déjeuner au jardin, dans la bibliothèque, il y a le grand Duduche et, au fond d'un placard, un peu cachées, des femmes aux seins très pointus dressés sur le papier, triangulaires et courbes comme des pyramides molles, des seins qui sont des épines énormes, des épines de roses libérées.

Trois jours plus tard c'était mon anniversaire, j'ai fait comme si je l'oubliais, ça n'avait aucune importance. J'ai senti repousser mes griffes coupées par la vie tranquille, les griffes coupées pour les gestes pratiques, les griffes bonnes et impatientes pourtant pour une quelconque action, en dedans.

Et puis, seule cette fois face à la télévision, sur le radeau de Méduse, cette nuit où nous n'avons pas dormi, cette nuit de novembre, dans le vortex des images d'informations, noires et bleues, les sursauts des gyrophares. Un ami que je savais là-bas, son silence. Préférer penser horriblement qu'il fût mort, pour garder l'espoir d'une bonne nouvelle quelques heures plus tard. Dérisoire : d'autres l'étaient.

Le 7 janvier, fin de l'enfance. Le 7 janvier l'enfance de mes enfants, l'enfance de l'enfance aussi, parce que nos premières années de crèche s'étaient déroulées en face d'un petit supermarché casher et que l'expression « supermarché casher » et le raccourci « hypercasher », font partie de nos habitudes rétiniennes. Deux souvenirs désormais se mêleront. Les trajets quotidiens en poussette vers le bas de cette très longue rue, vers la couleur rouge bordeaux du porche métallique où nous nous arrêtions, et la prise d'otages de ce début d'année.

Le 13 novembre, boulevard Voltaire où nous nous étions premièrement aimés, *le père de mes enfants* et moi.

1998. Je prenais le bus 76 qui remontait la rue de Charonne et au fur et à mesure qu'il progressait dans la circulation, j'observais la transformation non pas du paysage urbain qui restait sensiblement le même, mais de la manière dont il résonnait en moi, dont il passait de paysage à territoire et se chargeait de symboles. Parce qu'à mesure que je m'éloignais du cinquième arrondissement et de la frontière de la Seine, c'était avec ma condition de fille et d'étudiante que je prenais distance, avec mon obéissance, ma dépendance et ma conformité, et comme si je vivais l'expérience émerveillante de me rapprocher de moi-même, de découvrir cette entité libre, dont l'épanouissement était la réunion du sexe, de l'art et de la pensée, avec laquelle, plus le bus avançait dans son parcours, plus je coïncidais. J'aimais, sur ma droite, jouir de la présence, à la fois jalon, signe et augure, du Bistrot du peintre, puisque j'étais sur le chemin qui me conduisait à mon peintre. Le contentement que je ressentais lorsque je m'approchais assez pour déchiffrer sur son auvent les lettres prémonitoires, marques de l'entrée dans le royaume, était de même nature que celui que l'on éprouve lorsque l'on replonge dans le roman qu'on est en train de lire après en avoir été séparé un moment, le plaisir de renouer avec une cohérence, une certitude, tandis qu'un peu plus loin, après les restaurants où nous prendrions suffisamment d'habitudes pour nourrir un peu de nostalgie, l'Étoile du Kashmir, la crêperie bretonne, le Paris-Hanoï, je ne remarquais jamais La Belle Équipe, parce que sur le trottoir d'en face se dressait, plus imposant et plus emblématique, un bâtiment dont j'ignorais véritablement la fonction mais dont le nom agissait comme un laissez-passer pour un autre âge de la vie, convoité mais comme présomptueux et presque interdit tant je m'y sentais balbutiante, le lugubre Palais de la femme. Les derniers repères du dévergondage étaient, tout au bout du parcours, la librairie Violette and Co, et un magasin dont l'enseigne accrochait toujours mon regard en faisant un jeu de mots entre signe et cygne, croisant dans ma mythologie à l'œuvre, la volupté de l'enlèvement de Léda et celle de l'écriture. Je descendais à l'arrêt après la traversée du boulevard Voltaire. Le studio de celui qui deviendrait *le père de mes enfants*, partagé entre la vie et la peinture, ce qui laissait peu de place pour la vie qui était alors obligée de déborder sur l'art, était au sixième étage. Je me souviens des reflets des feux de signalisation, quand nous étions suspendus là-haut, dans la fantasmagorie de mon mûrissement, et de la nuit qui marmonnait au gré des mouvements de la circulation, ces mêmes sensations retrouvées dans une chanson de Vincent Delerm, « Et de temps en temps, le plafond s'éclaire/ Il y a des taxis tout en bas/ Dans l'appartement du boulevard Voltaire/ Il est tard, nous ne dormons pas », Delerm que nous avons vu en concert un soir de mai bien avant la naissance des enfants, au Bataclan, et tout se mêle, nostalgie et violence des attentats récents, la seconde renforçant l'autre, mais l'entachant et la relativisant aussi. Nos vingt ans.

Le 14 juillet de l'année suivante, mes trente ans.

2004. Je parcourais le matin la Promenade des Anglais pour rejoindre la faculté des lettres, où j'enseignais. Le plat bord de Méditerranée, cette impression donnée au corps par la lumière conjointe de la plage grise, du ciel et de la mer, cette impression d'être affranchi de ses limites, avant la bifurcation des collines. Un matin, après avoir quitté l'ancien couvent où je logeais, sur le port, j'ai pris conscience qu'après deux années de désir, de volonté et de tentatives, il était possible que je fusse enceinte. J'ai fait un détour et au lieu de rejoindre directement le bord de mer, je me suis réfugiée dans les toilettes de la bibliothèque Louis-Nucera pour vérifier, espérant ne pas voir apparaître les prémices rosâtres d'un espoir coupé court, mais il n'y avait rien, aucune trace d'effondrement cette fois-ci, et au fond de moi grandissait une certitude qui s'encourageait elle-même et n'aurait bientôt plus besoin de vérification. Je me souviens de ce lieu comme d'un passage surnaturel, avec des parois noires et luisantes qu'on aurait dites laquées.

Quand le camion a foncé sur la foule de la Promenade des Anglais après le feu d'artifice, j'ai comme tout le monde pensé au Bataclan, mais j'y ai pensé aussi égoïstement comme au premier lieu commun à ma vie et aux attentats, et à présent c'était le second, et je me suis demandé si mes décennies allaient toutes tomber une à une aux champs de bataille.

Je vis les événements à l'aune de ma vie. Si je les ramène à moi, je crois que ce n'est pas par égocentrisme inconvenant ni récupération malsaine, mais parce que c'est la seule manière pour moi, après les moments d'errances apeurées, de réflexion inquiète et intense, de prendre part au deuil, à la colère, à la douleur. Cela pourrait sembler indécent puisque je n'ai pas été, directement, touchée, pas aussi directement que d'autres l'ont été. Mais c'est la seule manière de m'approprier ce drame qui n'est pas le mien et pourtant l'est, car il ne s'agit pas seulement alors d'encaisser sa violence et de prendre la mesure de sa réalité, mais aussi de compatir.

Dans la foule du métro des matins et des vêpres, j'absorbe. J'absorbe le sort inconnu de mes semblables. J'amalgame nos instants et nos bouts de destins, dont pourtant je ne sais rien, et où chevauchent, dans la coïncidence d'une séparation banale et d'une terreur nationale, le plus personnel et le plus collectif, le plus intime et le plus politique.

Peu à peu, il m'apparaît que la raison pour laquelle je croyais avoir commencé à prendre dans le métro des photos des gens qui lisent n'est pas la vraie, pas la bonne. Je m'étais laissée aller à une forme involontaire de mensonge. Il me semblait plus convenable d'expliquer intimement mon geste, par le désarroi de la séparation. Mais c'est plutôt à présent que je crois ne pas mentir. Si présomptueux, invraisemblable et même ridiculement féerique que cela puisse paraître, je crois que le 12 décembre 2014, j'ai pris la première photographie des gens qui lisent par prémonition. Je suis persuadée, j'ai besoin de me persuader, que quelque chose en moi a senti et su.

J'ai anticipé l'attaque, et préparé, comme en une horreur intuitive, une hypersensibilité, une *antériosensibilité* à la terreur, une réaction.

C'est une croyance folle, exubérante. Elle est également et sûrement risible. Elle n'aura jamais de preuve. Elle relève d'un délire, le mien. Cela ne fait rien.

Je peux bien sûr rendre cette pensée acceptable, dire : après le 7 janvier, mon action, mes larcins de livres et de mains, mon obsession à l'œuvre, ma collection, ne m'ont plus semblé aussi indécents, illégitimes, égocentriques et déplacés. Le drame réel et la douleur collective m'y avaient en quelque sorte autorisée.

# VOULOIR COMPRENDRE

Rien n'est loin. Peut-être la réclusion dans un wagon de chemin de fer, qu'il soit terrestre ou plus encore souterrain, cette claustration consentie, éphémère puisque sa durée est limitée et sue à l'avance, favorise-t-elle, par une espèce de rébellion, la sensation, confuse et charnelle, d'entretenir une relation avec le monde entier. Non pas seulement le monde dans sa globalité déréalisante mais l'infinité des points du monde, auxquels seraient reliés l'infinité des points de notre personne, et ainsi pour chacun d'entre nous, les infinités de points de toutes nos personnes.

Dans le métro du matin, dans le train de banlieue, où se joignent les élans laborieux, nos pulsions vers l'activité ou nos emplois forcés, s'incarne le monde recomposé, arbitrairement fragmentaire et pointilliste, dont le mode d'existence n'est pas la permanence massive mais plutôt l'intermittence du scintillement. Les gens qui lisent, si repliés sur eux-mêmes et sur l'intime de leur lecture soient-ils, allument un point du monde, un brasillement, et ils sont les veilleurs.

Ce n'est pas la télévision. Ce ne sont pas les journaux. Cela n'a rien à voir avec l'information. C'est de l'incarnation. C'est donner de son corps. Être le représentant, physique, à un moment, pour un moment, à un point du monde, d'un point du monde.

C'est le 3 mars 2015, dans mon train de banlieue à neuf heures. Le soleil perce la blancheur du ciel, vainqueur sans aucun combat. Je suis assise à côté d'un homme âgé. Je fixe sur ses mains la dignité de son âge. Sur ses genoux, la curiosité d'un sac plutôt féminin. Il est en train de lire *En Syrie* de Joseph Kessel. Je rencontrerai plusieurs fois ce livre ensuite, ainsi que deux des romans de l'écrivain, dans des circonstances si appropriées, si lumineuses, que Joseph Kessel deviendra comme la figure tutélaire de mon obsession. Chaque fois, je repenserai à ce premier lecteur de *En Syrie*. Les suivants deviendront les frères d'armes d'un bataillon disséminé dans l'espace et dans le temps, que je composerai au fur et à mesure, mais en plaçant toujours à sa tête le vieil homme au sac de femme. Il me captive, je lui donne raison sans partage. Peu importe qui il est. Peu importe les habitudes contractées dans le métier qu'il a dû cesser d'exercer depuis de nombreuses années. Il était peut-être professeur, journaliste, lettré et je suis pleine de préjugés car peut-être n'était-il rien de tout cela, mais comptable ou gérant d'une quelconque société commerciale, ou n'importe quoi qui peut s'accorder avec ses vêtements, l'état de ses mains, le sac de cuir clair sur ses genoux. Mon admiration pense et imagine. Mais, anonyme, nu, sous le rayon de soleil froid, l'homme est le lecteur de Joseph Kessel, et la présence de la Syrie en guerre ce matin-là.

Corps pour un morceau de monde. Corps pour l'Histoire. Corps pour un pays. Corps pour le fracas. Il est le point obscur du bassin levantin, le point ravagé, ce point souffrant du Proche-Orient lointain, rapproché ainsi pour nous, les anonymes et nus aussi, d'autres points du monde parfois leurs livres ouverts, les usagers de la ligne L.

Au cours du mois de février qui vient de s'écouler, l'armée syrienne soutenue par le Hezbollah a lancé une importante offensive au nord d'Alep, cette ville dont le nom a peu à peu cessé d'être celui d'un savon pour des Occidentaux frivoles soucieux de renouer avec les choses saines et de baigner leurs corps des bienfaits des huiles d'olive et de baie de laurier. Il s'agit de couper la route qui relie Alep à la Turquie, l'approvisionnement de ceux que l'on appelle les rebelles et dont la contre-offensive se solde par la reprise des territoires perdus. Le lendemain de ma rencontre avec le lecteur de Joseph Kessel, les rebelles font sauter le quartier général des services de renseignements de l'armée de l'air à Alep, trois jours après que l'opposition a rejeté la proposition du porte-parole de l'ONU pour le gel des combats dans cette région.

*Territoires perdus, rebelles, gel des combats*, il y a là quelque chose d'abject : ce sont aussi les mots de l'aventure et du rêve. Ce n'est pas cela qui me soulève le cœur, mais on les a déplacés, et ils sont déplacés. La trahison de la langue, dans son efficacité journalistique contemporaine, le réflexe de recourir aux expressions disponibles, au répertoire convenu, parer au plus pressé. Charpie de la rentabilité. C'est un écran. Elle conforte la distance. Joseph Kessel était journaliste mais dans ce premier récit de voyage publié, à mesure d'homme, à hauteur de désert et de pierres, il me semble qu'il n'y a rien de cette *utilisation* de la langue, mais un cri : « J'aime l'Orient ». Des phrases qui, si l'ensemble qu'elles forment ne peut démêler la complexité des conflits d'aujourd'hui, car rien ne le peut, bien qu'il soit aussi très simple d'y voir une affaire de pipeline et donc d'argent, fraient une voie. Elles sont des clés, puis elles sont des portes, puis elles sont des canaux par lesquels notre esprit et notre corps ici peuvent se faufiler vers cette réalité mobile et vivante même si elle est celle de la violence et de la mort, cette réalité violente et mortifère qui nous touche parce qu'il serait inhumain de ne pas sentir qu'elle est aussi la nôtre. « Nul pays n'est plus complexe, plus difficile, plus révolté par nature que la Syrie. » Et : « Si l'on veut assurer la paix et le développement de la Syrie [...], qu'on emploie les moyens nécessaires. La Syrie vaut la peine d'un grand effort. » Et encore : « Rien n'énerve autant les esprits que le sentiment de l'inutilité. »

Quand dans la séparation avec *le père de mes enfants* le sens dans ma vie s'est perdu, je ne me demandais pas seulement comment réapprendre à vivre autrement qu'au sein d'une famille, qu'un *nous* qui n'existait plus avait mis quinze ans à désirer et à construire, je me demandais aussi comment continuer à vivre, et je pensais : derrière nos œillères confortables, dans notre absence occidentale de dignité, alors que la réalité du monde se complète, pour faire court, des noyés, des réfugiés, de l'extinction des espèces, au plus court des symboles, des ruines de l'Arctique, de Palmyre et d'Alep. Je me sentais prisonnière de cet état même dont je m'étais libérée. J'étais encore liée à lui par la peur de l'inconnu et la culpabilité. Elle n'était pas visible et pourtant je la ressentais, consciencieuse, la triple marque de la honte. Celle d'avoir, aux yeux du modèle conjugal bourgeois, échoué, celle de devoir m'accommoder, à l'échelle du monde, de mon impuissance, et celle enfin de ne pas savoir totalement relativiser la première face à la deuxième, au point même d'y chercher refuge.

Le lecteur de Joseph Kessel est attentif, concentré. Il tient son livre comme s'il s'agissait du dernier écrit après une extinction de la civilisation humaine dont il serait un des rares survivants, les pages sauvées susceptibles de lui apprendre comment survivre encore. Pour un peu, il porterait ses mains à sa bouche et boirait après plusieurs jours de soif.

Tout cela je l'invente. C'est ce que l'homme me donne pourtant. Ce que j'ai envie, besoin peut-être, de voir. J'identifie ce qui m'émeut tant, que je découvre ce matin-là, révélé après des mois de conscience floue, mais que je perçois désormais plus clairement dans la concentration soucieuse de cet homme, dans sa sollicitude : c'est la volonté humaine de comprendre.

Je contemple sa lutte contre l'inutilité. Il remonte le cours des métaphores. Il remonte aux sources de la prose d'information, du prêt-à-parler, entre la glace et la flamme, *gel des combats, cessez-le-feu*. Comment empoigner la platitude des unes des journaux ? Le défilé uniforme des brèves au bas des écrans ? Les écrans sont des écrans. Ni opinion ni sentiment, l'information n'attend pas de réponse. Plus, toujours plus. Les chaînes, en continu. L'excès garantit l'oubli. Ce n'est pas le temps plongeant d'un livre. Nous nous taisons sous les avalanches.

Vouloir comprendre est déjà une réponse. Elle est minuscule, insuffisante et suffisante car c'est le minimum et peut-être un début. Lire *En Syrie* assis là, dans les transports en commun, dans la réalité économique et sociale et politique française dans ce qu'elle a de plus ras, sa réalisation quotidienne, extrait cette volonté de comprendre de toute abstraction. J'imagine que derrière le front tourmenté de l'homme au sac de femme, il y a cet accomplissement de la réduction de l'espace compris entre lui et la Syrie, sa transformation en espace *en lui* de la Syrie.

Il ne s'agit pas de participer, car ce n'est pas un jeu, pas un match amical ni le passe-temps du dimanche, sauf encore à cueillir le verbe *participer* à la racine. Prendre part. Prendre sa part. Faire sa part. Nul droit mais ce que nous devons. En cela aussi ce qui nous revient, une part, d'un lointain mandat français de 1926. Non comment nous en mêler mais comment nous *y* mêler.

Je n'ai pas cessé de croiser des gens qui désiraient comprendre.

Une *Histoire de la guerre d'Espagne, La Troisième Révolution industrielle, La Fin de l'homme rouge* de Svetlana Alexievitch, et ce jeune homme méditatif, sac à dos entre les jambes, penché en avant, mains de berceur doucement refermées sur *L'Éthique protestante et l'esprit du capitalisme* ; et un autre tout en noir dans la capture d'un livre intitulé *La Fin de l'espèce humaine*, qui me conduit aussitôt au souvenir de celui de Robert Antelme entre les mains d'une jeune fille sur le quai d'une gare extérieure, *L'Espèce humaine*, et puis qui rebondit sur un autre quai, luisant des lumières artificielles, autres mains berceuses une bague massive au majeur, un éclat d'or incongru pour *Le Métier d'homme* d'Alexandre Jollien, un contrepoint ; et celui encore, sur le chemin du travail, gros titre rouge sur fond rouge USURE MENTALE et barrant le s de l'usure, en plus petit, plus sournois, les capitales blanches du mot *travail* ; et ce porteur d'un tee-shirt des Dragons de Paris, ASPT 75, un joueur de football américain, qui entama devant moi le *Cours de linguistique générale* de Ferdinand de Saussure ; et cet autre encore, sans que je puisse savoir jamais si le trait d'humour était ou non conscient, qui affichait entre ses mains, tenant très sérieusement un crayon comme un scalpel, *Dans la tête de Vladimir Poutine*.

# L'IDENTIFICATION

Je veux me souvenir de la manière dont je lisais enfant. Ce n'étaient pas des histoires mais des êtres. Dès les lectures du soir, par la voix de ma mère ou de mon père, je ne lisais pas pour m'extraire d'une réalité qui ne serait pas la mienne, mais pour me trouver, me retrouver. Comment se retrouver ? Dans l'ABCdaire, la petite fille qui se faisait gronder par une autre parce que la faute était ce qui me terrifiait. Dans *Le Petit Prince*, le renard, de l'autre côté des hommes. Plus facilement, dans la famille Croquechou de Jane Pilgrim, lapins aux longues oreilles, parce que mon nom était mon nom. Dans les premières lectures devenues solitaires, originelles Bibliothèques rose et verte qui identifient par leur partage une génération, *Oui-Oui, Le Clan des sept, Le Club des cinq, Fantômette, Alice, L'Étalon noir*, ce n'étaient pas tant les êtres, ces fantoches, qu'une raison d'être, le mystère, l'énigme, la quête. Je voulus bien revenir aux personnages, sans doute grâce aux livres de

Jeanne Bourin, un surtout, à un H près, *Très sage Héloïse*, mais à condition que moi aussi, j'en fusse un.

Ma première identification véritable, je la connus à la lecture de *L'Algérie ou la mort des autres* de Virginie Buisson. Je ne me souviens d'aucune circonstance première de ce livre, de quelle manière il était parvenu jusqu'à moi, seulement de la plaie intérieure ouverte, après, la blessure silencieuse qu'il me laissa, et son legs étrange, pesant et à la fois éblouissant, de possibilités. Il y avait le visage de cette jeune fille brune sur la couverture, la joue couchée à l'oblique sur une pellicule de soleil, les lèvres à peine entrouvertes, une aquarelle de Georges Lemoine. Le fracas de la fin de l'enfance que je devais être en train de vivre. La mer où nous allions en vacances. La sorte de campagne où nous vivions ou du moins son vestige, une poignée de vaches qui traversaient, avec leurs molles muselières d'air chaud, le givre qui y tenait l'hiver, accroché comme une substance surnaturelle aux squelettes des arbres et qui rendait l'herbe solide et fragile. Cette partition du monde. Et cette anecdote que mon père racontait, s'appuyant sur une photographie qu'il mentionnait mais que je ne suis pas sûre d'avoir jamais vue sans qu'il me fût venu à l'idée de mettre en doute son existence : un de ses frères aînés, le troisième, et lui, sur la plage de Palavas-les-Flots, la villégiature familiale mythique, les balnéaux qui s'extasient, quel beau petit Arabe avec la jolie petite fille. Le petit Arabe c'était mon oncle, la fillette mon père, cheveux longs, yeux doux, boucles noires. Cette exclamation entrait alors en résonance avec la présence des Algériens qui peuplaient, disait l'horizon opaque des conversations adultes au-dessus de ma tête, les parallélépipèdes titanesques au pied de la colline sur laquelle se serraient les pavillons des très relatifs nantis, ceux qui au gré des glissements de générations n'étaient plus sans doute seulement mineurs et ouvriers. On appelait ces bâtiments de béton colossal la Grande Muraille de Chine, si bien que la Grande Muraille de Chine fut d'abord pour moi la grisaille dans la grisaille de cette ville minière de l'enfance de mon père, sans rien de grandiose, de mystérieusement impérial, ni de Chine.

Les images se mêlent dans les esprits enfants. Le petit Arabe sur la plage dont j'étais la nièce. Sa petite sœur mon père, arabe par les nécessités du sang. Les Algériens de la Grande Muraille. Les habitats du coteau mitoyen, sans frontière véritable. C'est par cette conjonction inexplicable que l'histoire de Virginie Buisson et la guerre d'Algérie qui la déchire étaient les miennes, au point que, mais peut-être était-ce aussi en un rebours inconscient le fruit de la puissance de cette identification, j'eus le sentiment intime, lui aussi injustifiable, d'être, même infinitésimalement, par quelque égarement indicible de la généalogie, algérienne.

Ce n'était pas une nationalité, c'était une guerre.

J'en garde l'image de la jeune fille qui pleure son amour primordial. Ici, *premier amour* ne suffit pas, *premier amour*, c'est trivial comme la vie hors des livres. Elle pleure dans ses bras, échouée à terre dans la poussière ocre et rouge, son amour primordial qui tient à pleines mains son ventre qui s'échappe. Avec les quelques illustrations-souvenirs d'un manuel d'école primaire, Saint Louis rendant la justice sous son chêne et Bernard Palissy brûlant sa maison pour continuer à expérimenter ses émaux, il me semble que c'est là pour moi, concentré, silencieux et violent, le seul autre élément d'une conscience juvénile de l'Histoire de France.

Il se mêle autre chose dans mon identification lumineuse à cette jeune fille. C'est écrire et aimer. Je goûte pour la première fois à l'autobiographie. La jeune fille n'est pas seulement amoureuse, elle est celle qui écrit cette histoire qui est son histoire. Elle n'est pas seulement celle qui écrit son histoire, elle est celle qui découvre aimer. Je m'identifie à celle qui aime qui est celle qui écrit, si bien que le don de cette lecture au seuil de l'adolescence, ce n'est pas seulement la possibilité d'écrire, dont je me connaissais les capacités imposées et scolaires mais pour laquelle il me manquait cette forme de consentement que seul procure l'exemple, c'est aussi la symbiose de ces deux états, écrire et aimer, liés par la même coïncidence entre l'intime et l'autre. À partir de là, je ne lis plus que comme cela, m'identifiant non à l'écrivain mais au geste d'où naît le texte. Les études littéraires, leur étrange travail de déconstruction, leurs patiences jubilatoires de Pénélope détissant la nuit, ne furent pas la contradiction de l'identification mais sa pente logique. Comment c'était fait, ça ? Pourquoi c'était fait ? Pourquoi fait comme ça ?

Dans le métro, au fur et à mesure que mon attention se précisait, surgit une autre identification. La joie blanche de mon cœur. Cette joie regardée en face. Dilatation instantanée, mes contours qui explosent.

L'homme austère qui serre si fort *Un Bonheur parfait* contre lui ce jour-là, comme si sa vie en dépendait, comme je me raconte que ma vie en dépendit, je le reconnais. Je ne le connais absolument pas, mais je le reconnais. Je reconnais la tension de ses mains, elle exprime la même urgence que la mienne, ou à peu près, un peu qui n'a aucune importance. Nous nous rencontrons sans entrer en contact, nous nous lions sans aucun lien, aucun autre lien que ce livre qui fait signe. Je lui sais gré d'être sur ma route, mon compagnon qui s'ignore, mon frère. Son offrande, dont il ne saura jamais rien, est de me faire ressentir cette abolition violemment heureuse en moi de l'individu distinct. La joie blanche de mon cœur. Identification. Gratitude. La reconnaissance.

La deuxième fois que je suis allée à l'Envolée des livres de Châteauroux, je dormais à l'hôtel de la Gare. Le samedi en fin d'après-midi, entre le couvent des Cordeliers où se tient le salon et le dîner, je n'ai pas été mécontente de m'isoler, rentrant par le petit labyrinthe de rues grèges avec la perspective d'un bain très chaud.

J'ai fait couler l'eau dans la baignoire et dans le délassement du corps immergé, j'ai commencé la lecture du livre que ma mère m'avait offert au mois de janvier précédent pour mon anniversaire. Quelques pages seulement. Viri était là, Nedra était là, et l'amante toute jeune aussi, qui semblait devoir passer très vite, comme un paysage à travers la vitre d'un train. L'envoûtement des phrases aussitôt. C'est tout. J'ai posé sur le rebord de la baignoire les pivoines roses de la couverture.

Il y a une sorte de rituel : ne pas mouiller ses mains pour pouvoir lire sans abîmer le livre, puis poser le livre et plonger bras et mains, épaules, comme un couronnement du repos, la possibilité illusoire de la dérive. Fermer les yeux. Le livre tout près de ma tête, dans le triangle arrondi de l'émail, les vapeurs.

Puis j'ai rejoint d'autres invités du salon rue Grande pour dîner, mais je ne les ai pas suivis vers la véritable fête, au Globo, sans goût pour les collections de couleurs alcoolisées comme des bougies dans des photophores tandis que la musique joue au cœur amplifié dans une cage thoracique d'ombre. Je suis rentrée à l'hôtel, je me suis couchée, je me suis endormie très vite. Le lendemain, j'ai quitté ma chambre avec mon petit bagage.

Peu de temps après, je me suis aperçue que j'avais perdu mon livre. Il est étrange qu'il m'ait fallu plusieurs jours de recherches et de réflexion pour remonter au souvenir du samedi soir à l'hôtel de la Gare, du bain, du calme, des précautions, du rituel d'immersion. Peu à peu j'ai dû me rendre à l'évidence : j'avais oublié mon livre sur le bord de la baignoire, tout près de l'endroit où j'avais fermé les yeux, comme si j'avais oublié le livre au bord de mes yeux fermés, dans un rêve que j'aurais fait, le temps de l'alourdissement de mes paupières. Et tandis que je cherchais mon livre, les pivoines roses, je trouvai au fond de mon sac à main la clé de ma chambre à l'hôtel de la Gare. C'était une clé moderne, mais cependant mon souvenir ne parvient pas à n'en faire qu'une de ces cartes magnétiques souples à glisser rapidement dans une serrure réduite à une fente. Elle ressemble plutôt, dans mon souvenir, à une pièce énigmatique de plastique, dure et lisse, proche de la pierre, dotée d'un poids et d'un volume, même légère, totalement vierge, et percée d'un trou destiné à la suspendre comme avant, comme une clé ordinaire, derrière le comptoir au tableau de liège dardé de petits crochets de fer. Elle ressemble, dans ma main la découvrant au fond de mon sac, l'en extrayant avec une onde de surprise et d'incrédulité, à un os de seiche ramassé dans les spumes d'un Atlantique d'hiver, à un objet tribal et fétiche, un signe.

J'appelai l'hôtel de la Gare pour leur dire que j'avais emporté la clé de ma chambre, on me répondit que ce n'était pas grave, qu'elle était à usage unique, qu'il n'était donc pas nécessaire de la leur renvoyer. Je n'avais pas encore élucidé la disparition de mon livre, je ne leur parlai pas du livre. Peut-être la découverte de la clé oubliée de ma chambre me mit-elle sur la piste de sa disparition.

Je résumai les faits. J'avais oublié le livre aux pivoines roses sur le bord de la baignoire dans laquelle je m'étais laissée aller, dans laquelle mon corps avait été nu de cette nudité d'abdication bénigne que seule l'isolation aquatique permet, le faire-île de l'eau mais aussi de la brûlure.

J'avais également oublié de rendre la clé de ma chambre, la clé de la chambre où j'avais oublié le livre sur le bord blanc de la baignoire. D'une certaine manière, j'avais enfermé le livre aux pivoines dans cette chambre, hôtel de la Gare.

Je sais pourquoi.

Les mots ont toujours des halos qui les nimbent, des réverbérations aiguës ou molles, sur les parois rugueuses du monde qu'elles augmentent : gare, comme un cri, attention ! Et puis le lieu des départs. J'ai enfermé *Un Bonheur parfait* de James Salter dans cette chambre, son coffre-fort, parce que je ne devais pas le lire à ce moment-là. Miroitement aussi dans ma langue du verbe *devoir* dont le reflet oscille entre un impératif de provenance inconnue et une fatalité. Il était trop tôt encore. Qui sait si ce texte aurait joué le rôle, imperceptible bien sûr, atomique et sans preuve, dans ma vie, si je ne l'avais pas mis sous clé ? Il en aurait sans doute eu un autre, l'autre versant des décisions. Peut-être la faveur de la peur, sa perpétuation. Oui, la peur, je crois. Il était trop tôt. J'en aurais reçu un avertissement, une mise en garde, j'aurais pris la part de lui qui distille la menace plutôt que le scintillement de la liberté, et j'aurais désiré l'immobilité, que chaque chose reste à sa place dans une ardeur de pierre, une ardeur au faux visage, une contamination lithique, lente et grise, au prix de ne pas respirer.

Je n'ai pas dit à ma mère que j'avais perdu le livre qu'elle m'avait offert. Lorsqu'elle m'en parlait, je m'en tenais à l'aveu vague d'un bonheur de lecture, je n'avouais pas. Je ne voulais pas qu'elle crût que j'avais été négligente de son cadeau, qu'il ne comptait pas pour moi, il comptait, oh comme il comptait. Il avait suffi des premières pages du livre et d'une intuition. Je faisais semblant de l'avoir lu. Je disais : oui ; je disais : c'est très beau. Je rangeais la gêne dans de petits mots. Je pensais aux pivoines toutes seules dans le triangle d'émail blanc, car tout s'était arrêté dans cette image et dans cette image personne n'avait trouvé le livre, personne n'avait lu le livre pour moi, à ma place. Personne n'était à ma place. Je pensais que je les avais abandonnés, trahis, le livre et ma mère et les pivoines. Cela n'avait rien d'absurde. Ce livre promettait une sente, un tunnel sous les ronciers. La lumière est violente en chute crue. Je pensais, parfois, que j'avais été lâche, que je l'avais laissée derrière moi, cette main tendue. C'était moi, moi seule, que j'avais abandonnée. Je tenais là, dans le triangle, parce que je n'étais pas du tout déployée, parce que j'avais circonscrit pendant des années ma vie et mon être, se marier, avoir des enfants. Des années que je me contenais dans le triangle d'émail blanc.

Ce n'était pas de la lâcheté, mais une forme de patience. Je prenais mon élan.

J'ai croisé le livre à plusieurs reprises sur les tables des librairies, j'ai résisté, cela a duré, j'ai fini par l'acheter – mais combien de temps après l'oubli ? – dans l'anonymat bunkerisé de la FNAC des Halles. C'était comme par inadvertance, dans la futilité de l'approche des vacances d'été, le prétexte du temps de lire, mais cela *devait* être le moment.

Il y a une photographie : sur le sable, un morceau du drap de bain couleur exactement bruyère, mes sandales aux fines lanières cuites par le soleil et le sel, et le roman de James Salter, dont le rose des pivoines et du titre sur la couverture se marie si bien avec la tache byzantine des brandes, le tapis pourpre des autres fleurs. Sur la plage d'Ajaccio, c'est le moment. Les enfants jouent dans les pans d'ombre des pins. Ils sont munis chacun d'un petit haveneau, fronts penchés sur la houle des mollets à mi-cuisse, pleins d'espoir d'organismes recroquevillés sur leur propre transparence, de poissons gris et fins comme des lames de canif ou des sourires argent, perdus, dont ils observeront ensuite l'enfouissement ou la solitude ondulante, vive, au fond sablonneux de leurs seaux, avant de les rejeter à la mer. Tout en les contemplant, je reçois, je prends, je bénis la leçon de Nedra, le personnage féminin du roman de James Salter. J'en suis capable. La peur n'est plus le plomb. Comme Nedra, j'ai attendu. Moins longtemps qu'elle. Elle accomplit son devoir deux fois, son devoir pour autrui et son devoir pour elle. Le second complète le premier. Le premier attend tout du second. Elle a deux filles. Il faut en tout point qu'elle soit exemplaire. Elle déplie sa vie. C'est long. Elle palpite dans sa patience d'ébène, dans le sourire qu'elle semble poser partout, sur chaque meuble de la maison au bord de la rivière, sur chaque page, la patine, le lustre de chaque page. Son sourire ne transforme l'apparence de rien, si ce n'est infinitésimalement, grain à grain d'une réalité qui se modifie elle-même, mais tout mue puisque c'est elle qui change, grandit, passe, abolit l'ennui par son ébrouement majestueux de femme et nourrit ainsi son lent et sûr et serein détachement de sa vie première pour sa vie seconde. La première est le berceau de la seconde qui ne se déploierait pas sans la première, cette exuviation que Nedra pressent et prépare, dont elle prend l'élan dans sa perfection, pour laquelle elle semble avoir vécu, presque être née, oui, sûrement être née, avoir exécuté chacun de ses gestes, tous assurés, sculptés, dans ce confort de savoir que leur nécessité soyeuse et naïve était, et prendrait fin.

Je lève les yeux. Il y a le bleu, les différentes strates de bleu qui respirent bruyamment, le bleu jaune, le bleu soleil et le bleu vert et le bleu presque noir d'une nuit résistante, le bleu brûlé déchiré de soleil, ses petites blessures brillent sur les crêtes, le bleu des jacinthes dégoupillées, le bleu qui soulève les mille poitrines des vagues, tout ce bleu qui n'est pas dans le livre qui est solaire, jusqu'au crépuscule, jaune et ocre, et mauve, brun, fauve, où coule une eau qui a pris la teinte doreé puis neutre de la vie ordinaire. Je lève les yeux et j'écoute le pouls de la mer.

Ce n'est pas une révélation, c'est un travail. Un semis, rien d'adventice, une germination. Je ne sais pas ce qu'il adviendra. Je suis arable, je reçois la leçon de Nedra. Nous nous sommes efforcés, *le père de mes enfants* et moi, de donner à cet été l'allure de précédents étés. Les rituels, l'encens d'habitude qui rassurent les enfants et nous rassurent, colmatent. Farniente. Les matins courts et lents. Déjeuners de poissons dardés de fenouil. Faire l'amour l'après-midi tandis que les enfants regardent des films. Descendre à la plage. Prendre la voiture, longer la côte qui rutile. Le coucher de soleil sanguinaire. La tour génoise comme la dernière pièce sur le jeu d'échecs. Retrouver des amis comme si de rien n'était, tout taire. Pèlerinage au musée Fesch, le velours des lions, et des yeux des chiens, des lapins, des aras, des chouettes, rehaussés de blanc, les agates. Le cocktail *on the beach*, la tête qui tourne sur le sable, ce sentiment fugitif de nous croire encore possibles, de croire *nous* encore possible, flash, stupeur. Ne pas savoir si c'est un bien, résurgence une seconde de la peur. Un flash seulement. Le feu d'artifice. Les glaces monstrueuses sur le port. Le spectacle comparatif des gros yachts multipontés, de la vie boursouflée des très riches. Mon petit garçon à moitié endormi, la sueur épaisse de sa cuisse sur la mienne. L'air de la nuit est une peau de pêche.

Nous ne savons pas mais c'est la dernière accalmie. Pas un mensonge, une rémission. Il nous faudra encore presque deux années pour nous séparer vraiment, ne plus tenter, ne plus se promettre. Et encore. S'ensuivront une cohabitation, un toit commun, des tentatives d'invention, de nouvelles amours. C'est l'été de l'ensemencement, et puis la vie d'après a germé.

Quatre mois plus tard, je prends la première photographie des gens qui lisent. Parmi les premières surgit *Un Bonheur parfait* de James Salter. Comme je suis heureuse ! Je peux sentir le bond de mon cœur. La joie toute blanche. L'homme n'est pas en train de lire. Il se tient debout au centre de la rame, il est vêtu de noir. Je ne sais pas à quoi il ressemble, je ne regarde absolument pas son visage. La photographie est floue, de ce flou de l'urgence et du désordre qui est celui de toute vie. La pivoine, la seule pivoine visible car l'autre est cachée sous la paume de l'homme, sous sa main gauche crispée qu'on dirait amputée de ses deux derniers doigts, la pivoine ressemble à un organe fraîchement extrait d'un corps, pâle. Je pense : mon cœur qui a bondi ? Le pouce de l'homme brille comme une nacre. Sa main gauche serre le livre contre lui, de ses deux mains rassemblées il agrippe aussi l'anse d'un sac, ses bras semblent corsetés par la foule qui le presse. Ses mains, le livre, je ne peux pas m'empêcher de le penser, sont joints par cette posture juste devant son sexe, comme s'il voulait concentrer là toutes ses forces. Les mains, le livre, le désir vital. Son poing droit enferme à la fois la peur, l'instinct et la révolte. L'homme attend d'arriver à destination et de suivre le flux qui le jettera entre les portes, mais je sais qu'il attend aussi comme Nedra a attendu, comme j'ai attendu, le moment. Qu'importe que ça ne soit pas vrai ? C'est quand même mon frère. J'ai un amour instantané pour lui, celui d'une humanité commune, un os nu, celui de la violence du désir, de l'entêtement à vivre. L'élan de la reconnaissance, avec tout le miroitement de ma langue. C'est mon frère, mon frère incestueux. C'est notre livre qu'il serre contre lui, c'est mon poing qu'il referme. Je prends la photographie.

De toutes, jamais détrônée, c'est ma préférée.

Quitter l'appartement le matin était un soulagement. J'accompagnais les enfants à l'école, un quart d'heure de chemin avec eux sur les trottoirs était une joie, la traversée du square au cours de laquelle nous mesurions la progression de l'automne puis constations l'hiver était une joie. Je prenais souvent un café avec mon amie Cécile, ce moment suspendu dans les couleurs kaléidoscopiques des bouteilles du bar était une joie. Puis je descendais dans le métro pour aller travailler, je savais qu'enseigner était une joie, mais la chape d'un sentiment indistinct de pesanteur et de vide se refermait sur moi.

Elle se tenait tout près, nos genoux se touchaient presque. J'ai pris une curieuse photographie, en contre-plongée. Le livre occupe exactement le visage de la lectrice et il s'en échappe des rayons de lumière, la barre métallique qui étincelle à droite et le néon qui jaillit vers le haut, comme un arc-en-ciel décoloré. Tout est un peu flou, c'est une image bancale et hirsute, qui n'aurait pas d'autre intérêt que sa maladresse si ce n'était la position des mains qui agrippent le livre. Elles se joignent comme si elles avaient besoin de se réconforter l'une l'autre, mais sans oser le montrer. L'auriculaire de la main gauche chevauche à peine le majeur de la droite et l'index de la main droite grimpe sur le majeur de la gauche, masquant seulement son ongle. C'est un détail minime. Pourtant, il donne à cette lecture une dimension d'urgence poignante et en même temps de grande fragilité. J'imagine vraiment que ces mains s'entraident, elles s'épaulent et ensemble, elles tiennent le coup. Il n'y a aucune victoire, tout au mieux une gloire rapiécée, mais la fierté que ça tienne quand même.

Je supposais que la vie au-delà de ces mains ressemblait à la mienne. C'était toujours ce que je me disais. Ou que la mienne lui était comparable. J'imaginais que la femme avait déposé ses enfants à l'école, ou qu'elle l'avait fait ou le ferait un jour, et si ce n'était pas elle, ce serait une autre, un autre, et s'ils n'avaient pas d'enfants, peut-être avaient-ils promené le chien, bu un café avec un ami, et ils avaient pris le métro pour aller travailler. J'imaginais tant de débuts de journées clones, comme des charades élémentaires dans des bouches rodées, prendre le métro pour aller travailler après avoir accompagné les enfants à l'école, et retour, rébus inverse, ou des rébus semblables. Je n'arrivais pas à savoir si ces pensées étaient la preuve d'un détestable orgueil ou de l'humilité. Que faut-il croire ? Qu'est-ce qui est présomptueux ? Penser que l'on est comme tout le monde et que l'on peut prêter aux autres la même vie que la sienne ? Se rassurer de cette communauté ? Ou penser que l'on est comme personne ? Les deux sont inextricables mais le savoir ne résout pas la question de l'orgueil.

Je fixais la couverture du roman qui avait reçu quelques semaines auparavant le prix Goncourt. Cette parfaite tournure enfantine : *Pas pleurer*.

Jour après jour, les photographies des gens qui lisent composent un journal intime, mais ce n'est pas le mien. C'est un journal intime commun.

Il est question de compagnonnage. Il est question de ne pas être seul. Il est question d'être consolé.

# NOUS AVONS DES MOTS DE PASSE

Et puis il y a les reflets.

Le revêtement de sol est malproprement étoilé. Une nuit qui n'est jamais profonde, comme poinçonnée de grossières paillettes de deux ou trois couleurs différentes, mates. Le règne mineur des strapontins. Le métal des portes, strié à l'horizontale, entailles lisses, des blessures refermées depuis un autre monde où elles ont été infligées et cuisantes, recousues avec art, cicatrices translucides et glacées, nickel, et les vitres qui les surmontent, avides des lumières, ouverture sur le grand noir imparfait et hirsute des tunnels. Les voilà, les miroirs. Souvent ce sont des hommes qui s'assoient là, penchés, ployés, jambes à leur aise. Les livres qu'ils lisent paraissent trop lourds pour leurs bras, ou les attirer avec eux vers le sol, sans possibilité de résistance. Les livres font basculer leur point de gravité jusqu'à ce nouvel équilibre, dans le giron obscur de lire, la suspension du bruit, du temps, du mouvement agité.

Ce n'est pas eux que je regarde, mais leur reflet dans la surface déformante. Mon espèce de photographies préférée. Toujours un peu le même cliché, un silence qui se prolonge dans la matière, rituel. Ces liseurs, on dirait qu'une mer qui ne serait affectée d'aucun courant les recouvre. Des habitants au fond d'un lac, dont la seule activité serait le déchiffrement, goûtant le confort de leur demeure lettrée et liquide, une sépulture d'avant-garde. Leur qualité de veilleurs angéliques ne fait aucun doute. C'est tout à fait un autre peuple là-bas, double de celui d'ici, nous, de ce côté de la moire urbaine. Les reflets sont des révélateurs, comme les onctions dans lesquelles on plongeait les films de la presque défunte technique argentique, avant, cette chimie lente ou rapide qui rendait visibles les images latentes, ces particules qui ressemblaient, non dissoutes encore, à de la poussière d'astres ou à des cristaux détergents de ménagères chevronnées, prismes ou aiguilles incolores, aux noms de médecines de derniers siècles, génol, hydroquinone, borax, les graines blanches du carbonate de potassium et tout un tas d'autres composés de potassium et de sodium. Nul besoin de chimie ici, ici-bas, les ressources industrielles, les enveloppes routinières, l'immobilité itinérante suffisent. Nos trajets sont des contes fantastiques. La matière est magique. De ceux qui lisent, nous dont nous sommes, nous pouvons voir l'être véritable et le rôle, immatériels, mystiques.

Vraiment, des veilleurs. Ce n'est pas trop grand. Nous n'avons pas besoin de le savoir. Nous n'avons qu'à être là. Déployer les livres entre nos mains, sous nos yeux, sur nos genoux, et lire. Cela s'accomplit.

En 1996, dans le département de neurosciences de la faculté de médecine de Parme, le professeur Giacomo Rizzolatti et son équipe ont identifié une espèce particulière de neurones du cerveau. C'était un hasard. La sérendipité. À l'heure du déjeuner, un chercheur qui travaillait sur le système moteur d'un singe relié à des électrodes déploya le bras en faisant à peine rouler son fauteuil pour atteindre le sandwich qu'il s'était préparé le matin même en pensant exactement à ce moment voluptueux où il enfoncerait ses dents dans le pain garni de ses ingrédients préférés, et mâcherait avec dévotion, sans se préoccuper de ses observateurs d'un autre règne. Les détecteurs de mouvement connectés au cerveau de l'animal qui assistait à la scène se manifestèrent. Pourtant, le singe était immobile : mais il regardait le chercheur de ses petits yeux aux ombres traversées de l'agitation lente des forêts perdues. Autre version : il y avait deux macaques, dans le cortex desquels les mêmes neurones s'activaient, que l'un exécutât une action et que l'autre observât le premier exécuter cette action. Puis, ailleurs, il y avait des oiseaux. Les oiseaux chantaient ou ne chantaient pas, dans le minuscule crâne desquels les mêmes neurones s'activaient qu'ils chantassent ou écoutassent les autres chanter. Les oiseaux chantaient ou se taisaient, recevant les signaux, et les minuscules crânes sous les plumes s'allumaient exactement de la même manière. On appela ces neurones les neurones miroirs. Une quinzaine d'années plus tard, la preuve fut apportée qu'ils étaient aussi présents, et en plus impressionnante quantité, chez l'homme. On se passionna un peu, cela fut un temps, un bref instant d'étoile filante, conformément à l'appétit civilisé qui fait *pshitt* pour les nouveautés surprenantes, une découverte aussi grandiose que celle de l'ADN, dont un nouveau monde de compréhension allait naître, et puis des sceptiques se levèrent. C'était d'abord qu'il n'y avait pas d'applications techniques et rentables, ou la passion du scepticisme, simplement. Ils éteignirent l'enthousiasme qui brûlotait d'une flamme tout de même un peu trop vive, qui faisait des neurones miroirs la petite baguette magique de l'évolution, une révolution pour la cognition sociale, les canaux de l'apprentissage par l'imitation et aussi de ces émotions qui ne sont miennes, vôtres, nôtres, que par frottement à l'autre, que ce soit seulement l'accroche d'un regard, cette rugosité impalpable, qui bourdonne à l'origine du son de la souffrance mais qui peut être aussi le partage de tout, les maux, la joie, la neutralité humble et consentante de vivre. Ce n'est peut-être que de cela qu'ils voulaient la peau, les pourfendeurs des miracles, de cette lueur, l'empathie, parce qu'elle devenait organique, et donc disponible.

Peu importe la preuve scientifique des neurones miroirs. Je me contente avantageusement de leur hypothèse, ou bien même du rêve qu'elle procure.

Il suffit d'un seul qui lise dans ce périmètre qu'est le champ du regard, un seul pour que tous les autres puissent poser les yeux sur lui et que, sous les chevelures, les crânes humains s'allument exactement de la même manière, comme si tous lisaient. Ce qui importe, c'est seulement de regarder, de se regarder les uns les autres, et si cela n'avait même aucun effet, si les neurones miroirs sont bel et bien un rêve, cela suffirait.

Le 19 octobre 2016, j'ai pris la photographie d'une femme qui lisait debout dans la travée, face à la vitre du train et au noir derrière la vitre, un livre blanc. C'était à la fois une musicienne car les doigts de sa main sont repliés sur les pages et sur la tranche comme sur un archet, et une fervente, le livre est presque à l'horizontale et à plat comme si elle devait s'acquitter d'une présentation mystique lors une cérémonie solennelle. Elle porte un sac de toile claire sur l'épaule, il doit peser sur sa peau s'il est un peu lourd, et un sac à main en bandoulière, rebondi, assez laid parce qu'il imite le cuir, mais peut-être ne veut-elle plus porter de cuir. Son visage est concentré, hiératique, fatigué. Des lumières de nuit artificielle la traversent, blanches, laiteuses, horizontales et obliques, et surtout trois rectangles rouges disposés côte à côte, en surimpression sur sa poitrine, la représentation d'un organe vital qui battrait en trois temps au lieu de deux, diastole, systole, et un mouvement surnuméraire inconnu. Lorsque je sors la petite machine de mon sac, que je la dispose devant moi, tout se brouille étrangement, je perds sa pose, je la perds. Je ne prends plus la pose. Cette lectrice qui se reflétait dans le verre enluminé, c'était moi.

Lorsque je me passionnais pour l'exercice corseté de la dissertation de littérature française, ma mère m'avait confié ses livres de propédeutique (c'était elle, ma mère, qui disait propédeutique, un mot sésame, un mot en blouse blanche, une fierté), les Chassang Senninger crème au feuilleté aussi intéressant, irrégulier et doux qu'un rare phénomène végétal ou qu'une fourrure à caresser. C'est là que j'avais trouvé pour la première fois le vers de Victor Hugo qui m'est comme un tatouage de l'esprit, *Ah ! Insensé qui crois que je ne suis pas toi*. J'avais longtemps été la femme du *père de mes enfants*, c'était ainsi qu'on me présentait : la femme de. Sorti de son contexte, le vers de Victor Hugo peut dire cela : dans le couple la fusion des identités. À présent revenant à l'origine, je le retourne, comme une peau de bête, renverse l'insensé : mais insensé qui croit que je suis moi, mais insensé que je suis de croire que je suis moi, mais insensé que je suis de croire que je ne suis pas toi. Je voudrais être elle, vous dans le miroir. Une autre comme les autres. Quelqu'un encore pour quelqu'un.

J'inaugure une série minuscule d'autoportraits. Autoportraits à la vitre du train. Peut-être ainsi arriverai-je à savoir qui je suis, qui je dois être, bientôt délestée de mon identité de femme mariée, de femme en couple, femme dans le couple, retrouvant mon nom qui n'a jamais cessé d'être le mien, qui je peux être, et comment l'être, dans cette vie nouvelle.

Sur l'un des autoportraits, le reflet de mon visage apparaît au-dessus d'un exemplaire, tenu par des doigts ponctués de rouge, de *L'Homme invisible* de Ralph Ellison. C'est la version originale : *Invisible Man*. La langue étrangère produit le même effet que la réflexion des choses et des êtres dans la vitre noire. Elle double ma réalité sans être moins réelle. Elle l'étoffe d'une réalité plus réelle. Elle éloigne ce qu'elle désigne et la distance creuse, approfondit. Elle fond les choses dans un flou dont le moelleux semble chimique, une vibration souple qui s'adapte à la lumière, mais c'est un fluide médullaire. Il dévoile l'essentiel, ce qui se cache dessous, la trace que l'on croit mineure, pauvre reste, parce qu'elle vacille, parce qu'elle va disparaître, et qui, concentrée, précipitée, est tout.

Sans doute était-ce une fuite.

J'avais plus de réalité lisant silencieuse dans la vitre du train que debout dans la réalité criarde de la rame.

Il me suffisait de croiser sur mon trajet un lecteur du *Père Goriot*, que j'imaginais aussitôt lycéen ou étudiant embarqué dans une servitude plus ou moins volontaire, et mon esprit ne demeurait pas longtemps à ses côtés. Je me retrouvais arpentant mes souvenirs, ceux non de ma lecture balzacienne, mais des déambulations dans ma propre expérience estudiantine, remontant la rue de la Montagne-Sainte-Geneviève, me trompant, sachant à présent me tromper, du fait du nom de la sainte que la proximité géographique, son air humble de pervenche et l'équilibre de pierre blanche de l'église qui était son écrin m'avaient choisie comme protectrice, et à laquelle j'allais souvent rendre visite et quelque chose comme grâce dans sa ruche polychrome, confondant la rue de la Montagne-Sainte-Geneviève avec la rue Neuve-Sainte-Geneviève devenue rue Tournefort. Pas de différence à poser physiquement ou mentalement mes pas dans le dégoût brun suintant de la rue de la pension Vauquer et dans la fraîcheur de liberté novice mêlée de petite frayeur que je ressentais lorsque, après une séance de cinéma solitaire rue des Écoles, je regagnais dans la nuit quartier-latine ma chambre, en empruntant un dédale qui passait précisément par la rue Tournefort. Je ne me souviens pas différemment du souvenir de Balzac et de mon souvenir, il n'y a pas un souvenir littéraire et un souvenir vécu, et s'il y eut un jour, originellement, un souvenir littéraire et un souvenir vécu, ils se sont fondus depuis longtemps l'un dans l'autre, car j'ai depuis tant de fois vécu m'être souvenue de l'ouverture balzacienne dans ma pérégrination nocturne, et j'ai tant de fois lu l'*incipit* balzacien dans la nostalgie de la nouveauté frissonnante de marcher seule la nuit dans ces rues.

Et aujourd'hui, il me suffisait de croiser sur mon chemin un lecteur du *Père Goriot*, pour qu'à l'intrication de ces deux premiers souvenirs s'en ajoutât un troisième, ou plutôt que l'interprétation du second fût légèrement modifiée, que sa douceur d'indépendance fût tirée vers la sensation d'effroi, car je pensais alors que les traversées passées de ce quartier appartenaient au temps d'avant le garçon qui deviendrait *le père de mes enfants*, et que ce que je devais retrouver désormais, maintenant que l'histoire prenait fin, ce à quoi m'invitait la superposition du Paris de Balzac et de celui de ma jeunesse, c'était la liberté dont je jouissais alors et dont, faute de la découvrir et de l'éprouver sans avoir rien vécu que le statut d'enfant de ses parents, je n'avais eu qu'une conscience immédiate, insouciante, et dont j'étais incapable de retrouver la teneur véritable, comme un hasard perdu.

Et voici que c'est l'été, presque la fin, la fin de l'été et la fin de notre histoire, j'accompagne une promenade de mes enfants à dos d'âne. Nous traversons des chemins de lande, on les croirait mosaïqués de concrétions de coquillages, comme des plages d'un Nord inconfortable aussi coupantes que le ciel qui les grise. Nous-mêmes nous crissons. Les chemins sont bordés d'arbres qui s'élancent, la garde impériale des pins et des chênes, les grands spectres noirs. Mes parents tiennent les longes des bêtes sur le dos desquelles mes enfants dodelinent, composant un tableau plus flottant que mobile, car le mouvement au pas des ânes semble plus flagrant que la progression principale du cortège dans la chaleur empesée de l'été. Je pense, justement, aux *fata morgana*, aux châteaux de poussière, aux vertiges optiques, à la distorsion de la réalité. Le tableau est également bavard, piqué de pépiements que grands-parents et petits-enfants partagent comme les composantes parcimonieuses d'un goûter, on ne sait lesquels se mettent au diapason les uns des autres. Parfois, suffisamment loin du petit groupe oscillant, loin de la marche volubile, je peux sentir la bulle me prendre, m'entourer de toute sa surface salivaire et transparente, je peux atteindre l'isolement qui m'extrait du réel proche pour le rendre évanescent, lui subtiliser un autre ordre de réalité que celui de la forêt clairsemée et rêche, un autre ordre de réalité pas moins réel, le doubler de mon intériorité. Nous quittons le chemin, coupons, et la bruyère surgit, mais surtout la couleur mauve, cette fauve, cette ogresse, qui pare sa vue et son nom. C'est une couleur violente, cardinale, d'infante écorchée. Mais l'espace qu'elle ouvre et tisse plus qu'elle ne le tapisse en pelage comme sur les sables podzolisés, dans lequel je cingle à pas sonore, est celui d'un poème, et je n'arpente plus cette lande-là, ce n'est plus cette lande que je traverse mais les cinq vers d'Apollinaire et leur autre saison, l'automne morte. L'odeur du temps est celle de la résine, de la gemme des gardiens, tout se mêle, et leur couleur douceâtre, blanche ou grège malgré la callune, celle de la promesse qui est en même temps une résignation.

Ce n'est pas un souvenir, ce n'est pas une référence, ce ne sont pas des retrouvailles, ce n'est pas une évocation. C'est la réalité même, pas une autre.

Lorsque je rencontrai sur ma route urbaine, en plein hiver, nuit tombée déjà alors qu'il n'est pas si tard, le lecteur d'*Alcools* d'Apollinaire, penché, recueilli, semblant célébrer solitairement les cent ans d'une blessure de guerre, le titre du poème me revint soudain en mémoire, comme un éclat d'obus sur la tempe. « L'adieu ». Tout peut être relativisé, mais un mot est un passage secret. L'adieu, qui n'avait rien d'aussi dramatique ni d'aussi définitif que dans ces vers, était ce à quoi il fallait enfin se résoudre. Il ne s'agissait pas de se séparer d'une personne, mais plutôt de séparer des personnes, là encore pas continuellement, mais d'introduire dans un bloc, ce *nous* mythologique, parents et enfants fusionnés en monstre, la chimère socialement utile, de la variation et de l'intermittence. Enfin, à cette chimère, mettre fin. Le lecteur tourna la page, comme pour m'indiquer la facilité à voir ce qui restait à voir et à quoi j'avais été si longtemps aveugle, ce devant quoi j'avais ensuite si longtemps cillé : l'ultime étape de la séparation qui est son effet et son résultat, ce qui est séparé, une nouvelle configuration des êtres et de l'entité familiale. Nos enfants et moi leur mère, d'un côté, à des moments donnés ; nos enfants et lui, leur père, d'un autre côté, et à d'autres moments donnés. Je revis la lande couverte de bruyère, mais le souvenir dans lequel tout à coup à nouveau je marchais m'apparut pour la première fois dans sa dimension prémonitoire. Je me rappelai combien de fois, en vacances seule avec nos enfants chez leurs grands-parents, m'était venue à l'esprit cette autre configuration possible, celle qui est le fruit de couples dont les membres sont indépendants mais aussi celle des couples qui ne sont plus, l'arrangement des séparations. Trois générations partaient en excursions, se lançaient joyeusement dans toutes sortes d'activités ludiques, une visite au château, une escapade dans les arbres, une balade à dos d'âne, et parfois, il m'arrivait de m'extirper du mouvement commun pour contempler, et ce que je voyais c'était une symétrie bancale, deux couples de nature différente, deux époux âgés, une sœur et son frère, et moi. Je me rappelai que j'avais imaginé le regard des autres, je formulais en secret leur hypothèse, la plus banale, la plus probable : elle doit être divorcée. Je chassais l'idée, la figure, mais peut-être cette interprétation, voix donnée aux regards, n'était-elle pas autre chose que la forme d'un désir. Aujourd'hui, grands-parents, enfants et mère n'ont pas changé leurs habitudes. Ce qui n'était pas, est.

Pas une autre réalité. Le temps dit vrai, comme un brin de bruyère écrit noir sur blanc. Entre le souvenir de la promenade mauve, le fantasme vacancier sous-jacent, l'imagination folle, le vécu actuel, entre ce que l'on appelle par commodité et simplification ignorante réalité et fiction, passé et présent, un livre efface la frontière, et me fraie le passage.

La réalité dans laquelle nous marchons. Et ce n'est pas seulement que nous marchons dans la sphère de cette réalité mixte, dont texture et nature sont véritablement et invisiblement hybrides dans une absorption qui a depuis fondu tout contour. Les livres sont des objets du monde. Concrets. Odeur des livres cette antienne, ils sentent le doux ou le duvet ou le grain exactement de leur toucher, le renfermé des séjours encartonnés, les déménagements, leur grand désordre durable, leurs égarements, les hivers caverneux, humides, les feux de bois de la maison d'enfance. Pour certains d'entre eux, livres d'images, dans leur nouveauté mariée à des pages comme vernies, que leur blancheur semble polir plutôt qu'un processus industriel et rationnel, une odeur d'alcool, de gel idéal, douloureux mais addictif, une odeur toute blanche, luminescente, une odeur de chimie, de laboratoire, de fusées, de respiration excessive qui vous hausse comme une cime et vous ouvre en même temps, de ciel chromé, sans nuance. Mais les textes qu'ils contiennent, qui sont autant les livres que leur enveloppe matérielle, sont aussi des objets du monde, avec la même capacité concrète et lestés de la même exigence d'existence, dotés de cette objectivité paradoxale, cette propriété de prendre place dans le réel comme n'importe quel autre objet. Objets spéciaux, superlatifs, à l'immanence démultipliée plus même que double, comme toutes ces choses qui sont choses et qui sont aussi *autre chose* dès que nous les investissons de l'aura particulière et intime du souvenir, le corps astral de l'attachement, reliques sentimentales, toutes petites fioles aux couleurs de couleuvres et de modestes torrents où bougeotte l'extrait d'un moment passé, d'un lieu passé, d'un être passé.

Dans les rames stridentes, de ce côté-là du « réel », les gens qui lisent sont les hommes invisibles. Mais pour voir qu'ils sont, et ce qu'ils sont, il suffit de surprendre, de l'autre côté, leurs reflets lisant. Seuls les livres, par ce qu'ils contiennent, langage calligraphié d'ores et déjà image, savoir et fiction, réalité double, de part et d'autre des miroirs, signant la chair voluptueuse des fantômes, ne changent pas de nature.

Cela arrive enfin dans le train de banlieue, au moment où il rampe sous le béton de ce singe de City londonienne qu'est le quartier d'affaires de la Défense. Deux minutes de bunker. Il s'assied en face de moi. J'aime aussitôt la couleur de son pull vert forêt, épais comme s'il partait aux sports d'hiver. Contre son ventre couleur futaie, il tient une petite pile de trois ou quatre livres empruntés à une bibliothèque. Au centre de cette pile, les quatre mots qui nomment le spectacle des veilleurs. Je ne savais pas qu'avant d'être le film parfait de Melville, *L'Armée des ombres* était un roman de Joseph Kessel.

Il ne me reste qu'une image. Tout le reste, je le reconstruis. Je reconstruis que j'ai vu ce film pour la première fois avec ma grand-mère à la télévision, dans sa maison de ville, allongées toutes deux sur le divan qu'elle appelait *cosy* et que bordait une étagère dont le rempart contre le mur me rassurait, pleine de petites porcelaines inutiles, de babioles animalières.

Je reconstruis que je sens sa présence toute proche, qu'elle était dans une dévotion muette parce que ce film était toute son époque et que je pensais en raccourci que ce film était sa vie, un pan, une bribe, dont elle parlait parfois non comme d'une période héroïque mais plutôt extrêmement quotidienne, des images qui s'assemblent pour former le contenu tangible d'un complément circonstanciel qui vaut explication et suffit, *pendant la guerre*. Pourtant, elle n'a pas été résistante. Elle n'a pas été résistante comme cela, dans un réseau, par des convictions et des actions déterminées, mais elle a été résistante par les privations et par son métier. Elle retournait les pardessus des hommes. Elle se débrouillait avec le troc, le marché noir, elle tenait. C'était la guerre. Je me souviens des visages de Simone Signoret, Mathilde, et de Lino Ventura, et l'image qui perdure, qui concentre tout le film au point que si je l'ai revu un jour, plus tard, j'ai l'impression de n'avoir jamais revu que cette scène, c'est celle où les prisonniers sont rassemblées dans le tunnel, pris au piège juste avant la mort. Je l'ai cherchée afin d'accorder mes souvenirs, comme on accorde un instrument de musique avant d'en jouer. J'ai revu des scènes éparses, pêle-mêle, la scène de la première course dans le champ de tir, à l'issue de laquelle Mathilde réussit à faire évader Philippe Gerbier précisément parce qu'il a fini par se mettre à courir, celle de la toute première évasion, une course aussi, sous la neige, lorsqu'il s'échappe du siège de la Gestapo où il a été transféré, celle du coiffeur sans doute pétainiste sous les traits mélancoliques de Serge Reggiani, l'assassinat de Mathilde, son corps sur le trottoir comme celui d'un grand renard clair, en pardessus d'homme comme ceux que devait retourner ma grand-mère, puis travelling arrière, la voiture qui s'éloigne, le laissant là, petite tache qui s'estompe.

Je n'ai pas pu revoir la scène à laquelle je pensais, qui pour moi contenait tout le film, en était le condensé chimique qui suffit, par la dilution qu'opère l'imagination, à restituer l'ensemble des sensations de la vision entière, et pour cause, elle n'existe pas. J'avais tout transformé, persuadée qu'il y avait deux scènes de tunnel, en écho l'une de l'autre, celle au bout de laquelle une corde se balance, que Philippe Gerbier agrippe pour se sauver, et celle, ultime, où il décide qu'il ne courra pas et tient bon. Dans cette recomposition, le visage effaré de Mathilde au moment de sa mort était aux côtés de celui de Lino Ventura, dans l'obscurité d'un souterrain voûté qui pourrait ressembler, je ne m'en rends compte qu'à présent, à un couloir de métro désaffecté. Très peu de lumière, des éclats blancs dans une atmosphère bleutée, une nuit intérieure. Mathilde court, Philippe Gerbier non, et il la regarde d'abord s'enfuir, vainement, et puis tomber. Les bruits des mitraillettes ne sont pas nécessaires. Le spectateur (unique, puisque cette scène n'a d'existence que pour moi) ne le voit pas tomber à son tour. *Cut*. C'est la fin. Dans le film de Melville, l'assassinat de Mathilde par ses frères d'armes, pour protéger leur réseau de résistance, quand la voiture s'est éloignée et que son corps a fini par disparaître, avalé par le bord droit en bas de l'écran, est suivi d'une alternance de plans des visages des quatre hommes et de textes en majuscules blanches sur fond noir, énonçant silencieusement leur destin. Le dernier est celui de Philippe Gerbier : « Et le 13 février 1944, Philippe Gerbier décida, cette fois-là, de ne pas courir… »

C'est sans commune mesure. Nous ne risquons pas notre peau. Le seul risque que nous prenons est celui de vivre. Ce n'est, toutes proportions gardées, pas si facile. Je crois que c'est ma reformulation toute personnelle et inexplicable du film de Melville, couplée au souvenir des souvenirs de ma grand-mère, que je ne me résoudrai jamais à placer au rang des lâches comme parfois une réflexion perplexe me le faisait considérer, pour la seule raison qu'elle n'avait pas, même métaphoriquement, pris les armes et le maquis, mais résistait tout de même, qui m'autorise à extraire de l'histoire cette expression qui n'intitule pas seulement un chef-d'œuvre du cinéma français mais désigne aussi métonymiquement la Résistance française : l'armée des ombres.

Les gens qui lisent dans le métro ne feraient pas tous le choix unanime de l'action rebelle si les circonstances le réclamaient. D'ailleurs, les circonstances le réclament, et tous les gens qui lisent dans le métro ou ailleurs ne s'interposent pas lorsque la police obéit aux ordres de détruire un campement de migrants, de faire évacuer la ZAD de Notre-Dame-des-Landes, d'interpeller un secouriste pour avoir conduit à l'hôpital une femme sans-papiers sur le point d'accoucher, ne vont pas même manifester pour faire entendre leurs voix contre la destruction du Code du travail, ni ne glissent dans l'urne un bulletin de vote conséquent ou refusent de le faire parce que précisément ils le savent sans conséquence, ni même achètent tous les livres qu'ils lisent dans les librairies indépendantes de leur quartier, évitent de se ruer sur la dernière petite machine à la mode, n'emplissent pas leur garde-robe de vêtements qu'ils ne porteront pas, ou refusent de consommer des animaux morts dans des conditions intolérables.

Mais dans le métro des trajets laborieux, les livres ouverts projettent leur lumière, visibles et parfaitement clandestins, comme des regards, des hochements de tête imperceptibles, des codes, des signes de reconnaissance, au gré aussi des reflets dans les vitres des trains, de cette fantomatique ténacité qui les habite, et je me laisse obséder par cette formule en clair-obscur, héroïque et silencieuse, *l'armée des ombres*, pour en revêtir les liseurs, nous, les veilleurs, et trouver, sans jamais perdre conscience de la grandeur du modèle et de la disproportion de ce qui n'est, comme la scène absente du film de Melville, qu'une image, qu'elle nous va bien.

LES PENSÉES SAUVAGES

Les pensées sauvages sont des fleurs familières, de celles que j'ai su reconnaître le plus tôt dans le piquetage précieux des prairies, le bouquet naïf des pâquerettes, des boutons-d'or et des coquelicots. C'est ma grand-mère qui me les a apprises au pied des arbres. Elles m'impressionnèrent parce que contrairement à leurs sœurs champêtres très simples, elles étaient, alors même qu'elles se cachaient sous les touffes d'herbe avec une modestie d'insecte peureux, audacieuses et sophistiquées, dissymétriques et complexes. Elles arboraient une excroissance de pétales, à l'arrière d'une corolle principale, comme si la fleur définitive avait été obtenue par une bifurcation génétique, une hésitation entre l'un et le deux, phénomène de gémellité résorbée dont il ne serait resté au terme d'une méiose interrompue que le fantôme concret d'une fleur siamoise. Leurs trois couleurs n'avaient pas de limites nettes et cette capillarité suggérait l'intervention d'une main humaine, raffinée et orientale, un point d'encre sur la soie et sa diffusion à la matière qui paraissait à la fois imprévisible et régulière. Elles me semblent aujourd'hui tenir, à partir du cœur, tantôt du chat, tantôt de certains lépidoptères et du test de Rorschach. La tache qui naît de leur centre est aussi très sexuelle, mais cela non plus, les petites filles ne le voient pas.

Le dessin botanique d'un plant de ces fleurs orne l'édition de poche de *La Pensée sauvage* de Claude Lévi-Strauss. Je l'observe minutieusement entre les mains de l'homme en face duquel je suis assise. Elles sont jolies, fraîches, et un petit air de fierté, de satisfaction anthropomorphique se dégage même des deux plus jaunes et grosses, qui semblent se prendre orgueilleusement pour des papillons. Elles sont très occidentales, pourtant aussi altières qu'une parure indienne, mais la claire antithèse du visage triste du jeune garçon sur la couverture de *Tristes Tropiques*. Leur occidentalité en fait de parfaites ambassadrices du propos de Claude Lévi-Strauss dans ce livre. Sur la quatrième de couverture, en vis-à-vis des élégantes, brille cette expression qui complète l'ambivalence florale du titre, *La Pensée sauvage*, « tant qu'elle n'a pas été cultivée et domestiquée à des fins de rendement ».

Tous les matins, pour la plupart des gens, pris dans les rouages, c'est exactement la même chose, le même but, cette *fin de rendement*.

Dans *La Pensée sauvage*, Claude Lévi-Strauss veut montrer qu'il n'existe pas qu'une seule manière de penser, de penser le monde, de le connaître et d'être au monde, mais deux manières, pour simplifier l'infini kaléidoscope, différentes non parce qu'elles traduisent des degrés distincts de développement de l'esprit humain, un retard et un retôt, une modernité et un archaïsme, et tout ce que cela implique de hiérarchie, de jugements, d'irrespect et d'iniquités, mais parce qu'elles témoignent de deux « stratégies » différentes, deux ordres de pensée, dans la simultanéité. Claude Lévi-Strauss parle de « deux voies » de la science, cette forme de mainmise de l'homme sur le monde pour ne pas sombrer et être quand même quelque chose dans l'immense incompréhension qui domine, l'une intuitive et sensible, c'est-à-dire s'emparant intuitivement et sensiblement et donc concrètement du réel, plus concrètement que l'autre, abstraite et conceptuelle, la science moderne, cartésienne, et sa descendance d'économie et d'argent, que l'Occident moderne, et la majeure partie du monde à sa suite a reconnue comme seule science, reléguant dans le mépris condescendant l'autre manière d'être au monde. Pourtant, elle est toujours là.

Elle est toujours là.

J'essaie de nous regarder nus. Dépouillés de nos oripeaux d'efficience, de notre adaptabilité fonctionnelle, de notre ergonomie très rentable. Nus, nus jusqu'à l'os, jusqu'à l'écorchement universel. Nous sommes premiers, intacts. Le vent passe à travers nous, nous sommes le brin d'herbe, le calcaire, la chair, l'émail, l'eau qui nous compose et son évaporation physique, le phosphore, le magnésium, le sang, la sève, nous sommes la branche, la matrice, la charpente, le fantôme.

Les livres ouverts ont la couleur des os blancs, couleur d'aube, ou ocre clair, couleur mentale de la poussière. Je monte dans la rame. Les gens sont debout, ils sont assis. Ils sont vêtus, apprêtés, chargés. Ils sont opérationnels. Ils sont exploitables et conformes. Ils ont toutes les formes, toutes les teintes de l'obéissance, de l'embrigadement compréhensif, de la conscience du nécessaire. Ils sont civilisés. Ils sont intégrés. Ils sont courageux. Mais je monte dans la rame et mon regard traque, j'ai besoin d'être rassurée, mon regard traque ceux qui ont quelque chose en plus, dont la modernité marchande a fait quelque chose de moins, ceux dont les mains expressives tiennent un livre ouvert, ces rectangles de reconnaissance, qui se découpent sur le tissu fonctionnel, hublots, lucarnes, sur le nu, et plus loin, l'os, autant d'opérations à chairs ouvertes, cette couleur qui fait signe.

Dans mon enfance, la pensée sauvage n'était encore que le nom d'une fleur, mais son esprit m'habitait. J'étais caverne, chambre à échos. Je savais que le réel est moins la partie massive et humaine et volontaire du réel, tout ce qui fait que nous croyons que nous sommes ce que nous sommes, que les jaillissements furtifs de la petitesse, ses indices discrets, la présence de l'humble en filigrane, cette forme clandestine de ce qui est et dont la présence affleure seulement dans le fait d'être là, et qui peut être aussi imaginaire, c'est égal, l'immanence qui est et ne s'impose pas.

C'était l'évidence, qui n'a pas besoin de nom. Il y avait plein de mots pourtant pour une approche, simples et cependant mystérieux comme les messages des sens. Ma pensée sauvage passait par eux. C'était un héritage de grand-mère, qui sentait l'odeur du tapis de feuilles corail où fouillait le bâton pour dénicher les cèpes, odeur d'humide, d'humus, de caves, de camphre, de pressoir.

Par exemple, tous ces talismans des almanachs, ces proverbes-grelots accrochés aux heures du jour et aux saisons, cette sagesse météorologique ou morale qui donnait un sens, sous la forme d'une règle mais aussi d'une couleur, d'une odeur ou d'une sensation globale, à ce qui n'en a pas. Ces litanies animaient les plus minéraux des objets, grossissaient à la loupe langagière l'imperceptible et l'inimportant, liaient tout dans un modèle réduit de cosmos dont l'humain n'était qu'une particule, comète sur laquelle se posaient, au hasard de pérégrinations volatiles et extrêmement lentes, ces vérités tout aussi instables, comme des parures de pacotille, rouge, vert, or, sur les cous, les bras nus et les fronts orgueilleux des reines d'histoires. Ainsi, quand la lune, par une nuit de cretonne bleue, disparaissait, s'estompait, buvardait le ciel, derrière les filaments muqueux des nuages et que l'étirement de ces phénomènes ordinaires la métamorphosait sans y prendre garde en Diane farouche au bain ou en Ophélie sauve, on devait dire : *la lune boit, il va pleuvoir*. Alors, par le seul pouvoir de cet enchaînement de syllabes, l'image qui avait pris l'aspect d'un paysage se transformait et le bain devenait boisson improbable, flottante, sans rien pour la contenir et l'exaucer, et la lune un visage qui aurait coïncidé exactement avec sa bouche dans un dysmorphisme laiteux. Qu'importe qu'il pleuve le lendemain ou dans la nuit qui tout à coup avait foncé, ou qu'il ne pleuve pas, même pendant plusieurs jours forcément menteurs ou trompés, la phrase était dite, la clé qui ouvrait le réel, la clé qui était, avec son tour dans la serrure immatérielle de mon esprit altéré, le seul vrai réel.

Mais parfois, aux beaux jours surtout où le jour s'attarde, il semblait que la lune précisément avait déversé et répandu sa matière, mi-vapeur, mi-rivière, sur l'herbe déjà un peu trop jaunie par le soleil et juste au-dessous de la découpe du ciel. Il faisait froid tout d'un coup, on regrettait la petite laine sur les manches courtes et on contemplait la longue traîne avec une alchimie d'envie de liberté et de tristesse, parce qu'on connaissait depuis les toutes petites années quelle légende accompagnait sans faillir le serein tombé, sans savoir cependant au fil du temps, et l'orthographe et le latin venant, s'il s'agissait de la fraîcheur des jours cléments, le *serenum* limpide et sec, ou de celle du soir, son inquiétude en diadème, le *serum*. L'expression, tandis qu'on ignorait qu'elle était aussi parfois le nom vertical d'une cascade alpine, s'exhalait à cette heure dans l'air blanc et un peu mordoré, oiseau hélium malgré sa vertu de solennelle sentence, de couperet, car c'était le signal : elle imposait la fin abrupte de la promenade et le retour à la maison, le froid à nos trousses qui gagnait la course. Il y avait alors toujours dans l'été à l'instant dit, variable selon les rythmes solaires, mais, elle, était fidèle et exacte, une fille rebelle qui avait changé d'avis ou avait eu du courage, et qui, dans son éphémère tenue blanche, dans sa mousseline nuptiale, dans sa houache lente de fumerolles, dans son exubérante tarlatane sursaturée de gouttelettes infimes d'eau, s'échappait, s'enfuyait, jouait la fille de l'air ce qu'effectivement elle était, prenait ses jambes à son cou de fantôme. On ne la voyait jamais, elle était l'absente de tout conte, mais on pouvait être elle à volonté. On se hâtait. *C'est le voile de la mariée*, on disait.

Lune encore. Couleur encore. Parmi les verdicts climatologiques, celui aussi, horrifique, des saints de glace. Il était sculpté dans un imaginaire polaire de congères et d'iceberg, de banquise, de lutte contre l'embâcle et les hummocks. Grand-mère convoquait les saints glacés pour retarder les mises en terre, les semis, protéger les plants variés, fraises fèves salades, de la lune rousse, cette Circé, qui persistait pourtant laiteuse dans le printemps du ciel, les 11, 12, 13 mai au saut desquels il fallait suspendre toute action de jardinier, sous peine de voir brûler les œuvres avant le lever du soleil, dans la moquerie du dernier gel. Après, plus de danger, après, tout pouvait pousser. Les impatients pouvaient avoir recours à la prière, implorant les fameux saints, au passage des fronts froids, de conjurer la dégringolade de ces nuits floréales. Les saints vétustes aux noms biffés des calendriers pour mettre le bâillon aux colères agricoles, aux désespérances paysannes, aux suicidés des vignes blanches, aux ivresses de blé sous le givre. Mamert, Pancrace le légionnaire, palme et épée, Servais, ces faiseurs à trois du petit hiver, ou, plus au sud et plus tôt dans l'année, les saints cavaliers, rabelaisiens « saints gresleurs, geleurs et gasteurs de bourgeons », saints vendangeurs ou trois marchands de vins des Landes de Gascogne, *Marquet, Georget et Philippet sont trois casseurs de gobelets*.

À la même époque que ces contes, il y eut à la maison, dans le placard des sucres et des farines, de longs sachets de biscuits spéciaux. Biscuits de bas étage, en packs économiques et de formes diverses, triangles, carrés, rectangles, mandorles et cœurs oblongs, aux bords festonnés, arcs de cercle un peu plus sombres et immanquablement brisés, dont la face lisse portait un message. Et le jeu consistait à chercher autant la corolle intacte, tout pétale parfait, que la phrase-ornement en calice qui nous conviendrait. Nous plongions de petites mains friandes, habiles, nous extrayions, examinions, exposions les prises, formions des phrases, nos premiers cadavres exquis. Plus tard, découvrir la version légère des Gaufrettes Amusantes et leurs variantes sophistiquées, *fortune cookies* chinois, les gâteaux de la chance.

Je croyais que les pensées s'appelaient pensées parce que c'était des fleurs d'amour. Je croyais que les amoureux s'échangeaient ces fleurs, celles-ci préférées à toutes autres, lorsqu'ils se voyaient furtivement et devaient vite se quitter alors qu'ils auraient voulu rester ensemble pour toujours, des fleurs comme des talismans pour l'absence, ou plus encore lorsqu'ils ne pouvaient pas se voir, jamais, et s'écrivaient, alors ils glissaient une ou deux pensées dans l'enveloppe et le nom de ces fleurs accomplissait plus que l'alchimie performative du langage, les fleurs disaient *je pense à toi*, elles étaient cette pensée, et cette pensée, regarde, je te l'envoie.

Dans le métro, avatars lointains de ces paroles communes du folklore infantile, les sagesses d'almanach de ma grand-mère et les déclarations biscuitées, il y a les messages que sont les titres des livres.

Pas pleurer. Le féminin de l'être. L'usage du monde. Une vérité si délicate. L'ombre du vent. Des bleus à l'amour. Un cri dans la nuit. Apprendre à vivre. La dernière fugitive. Réparer les vivants. Tu, mio. La nostalgie. Soumission. Sacrifices. Le troisième homme. Une chaîne en récompense. La lenteur. Temps glaciaires. Essais. Le temps de la consolation. Un amour impossible. Les misérables. Les liaisons dangereuses…

Ce sont des présents impromptus, anonymes, à l'insu des offrants même, ou peut-être pas, puisque moi-même lisant dans le métro je pense désormais aux mots que mes livres affichent, mes petits slogans de contingence bienveillante, dont j'espère que quelques regards flottants se sont emparés, développant comme je le fais leur nature première, linguistique, qui se double alors, mais matériellement, comme on double les manteaux, de soie, de lurex, de rayonne, c'est-à-dire d'une brillance qui a toujours plus d'attrait que les endroits, se double, s'augmente d'une manière d'aura, impressionnante bien qu'improbable et volatile, cette efficacité conseillère, consolatrice ou prophétique, de la formule et, plus largement, de la pensée magique. Talisman : objet sur lequel sont gravés des figures, des signes, des caractères, auxquels on attribue des vertus magiques ou préservatrices. La définition du livre.

Avec le peu de liant que je leur incorpore, la cohérence de mon avidité à les entendre, les livres des gens qui lisent me soufflent une ligne de conduite, composant un almanach, un recueil de mantras, une espèce de morale. Pauvre, en morceaux, morale de chapardeurs, de chiffonniers, de bricoleurs, de récupération, de seconde, troisième main, ce à quoi tout petits riens on se raccroche quand les événements ont procédé au grand dépeçage de ce qui semblait tenir, nous tenir. Humble, et c'est pour cela qu'elle est acceptable.

Et puis aussi cela : on me demande quelle ligne je fréquente, on me prête une portion congrue, quelques stations sublimes qui graviteraient

Quartier latin, dans un Quartier latin déjà fantasmatique, autour de la Sorbonne, dans les ombres escarpées de la scolastique, avec pour emblème la façade de la chapelle Sainte-Ursule la nuit comme un grand spectre triste. Un train fantôme. On me demande : où les trouves-tu, autant de si bons lecteurs ?

Mais au début, les gens ne lisaient pas. Peut-être parce que l'état d'âme d'où je m'élançais était une forme de désespoir, un découragement au moins. Les gens ne lisaient pas. Je les espérais, ils se faisaient attendre, je désespérais. Je les traquais du regard en montant dans les rames, tournant sur moi-même, me frayant une place dans les wagons bondés ou arpentant le couloir central aux matins creux, dans les milieux de journée désertés. Puis j'ai commencé à les voir, comme s'ils s'étaient peu à peu mis à lire, ou plutôt comme s'ils avaient lu depuis toujours mais que j'avais été jusque-là atteinte non pas d'une cécité partielle mais d'un noviciat du regard, une incompétence, incapable de les voir.

À celui qui s'étonne encore de la qualité des livres que je croise dans mes trajets, je suis capable à présent de me risquer à répondre : *tu sais, ils sont là pour moi. Je monte dans la rame et ils m'attendent. D'une certaine manière, je les suscite, je les créé.*

Je ne cherche pas d'autres explications, pas d'éclaircissements sociologiques à la bibliothèque ambulante et collective exceptionnelle dont je suis le témoin et la destinataire.

Je préfère m'en tenir à la pensée magique.

Je me suis mise à faire un cauchemar. Tous les soirs, je m'endormais tôt, puis, vers onze heures, minuit, une heure, le cauchemar survenait et me réveillait. Toutes les nuits, toujours le même, mais dont la forme évoluait au fur et à mesure que je m'adaptais à lui, que je parvenais à déjouer ses formes successives pour opposer ma conscience affaiblie par le sommeil à la force persuasive de ses illusions. Ce n'était pas seulement des images mentales. Je le ressentais physiquement et j'en tirais les conséquences : je me réveillais et procédais à toutes les vérifications nécessaires, puis, lorsque peu à peu l'apprivoisement fut assez grand pour que je sois capable de discerner le rêve dans l'éveil, tous les apaisements nécessaires.

Je date sa première visite de bien avant le début véritable de la séparation. Six ans auparavant. Une très grave crise. Menace de rupture. Ma faute. La faute qu'il me prêtait. Sa menace. À regarder rétrospectivement, une forme de répétition de ce qui adviendrait, dans une variante qui ne fut pas finalement celle que nous choisirions pour ne plus continuer à vivre ensemble. Celui qui ne serait plus un jour que *le père de mes enfants* partit pendant près d'une semaine. Je dormais seule dans notre lit. Je pleurais et j'avais l'impression de ne pas parvenir à m'endormir. Je le devais pourtant, car une nuit, le cauchemar fit sa toute première apparition, dans une version de roman gothique qu'il n'adopta plus jamais après, bien que pour moi il s'agisse toujours, dans le tourment qu'il exprime, du même rêve. Il y avait au-dessus de notre lit les deux tableaux magnifiques des portraits de l'arrière-arrière-grand-père et de l'arrière-arrière-grand-mère paternels de mes enfants, peints en Algérie à la fin du XIX^e^ siècle, dans une tradition occidentale classique et des costumes également occidentaux qui, leurs dentelles blanches teintées de bleu sur leur fond noir, les font paraître comme des esquisses somptueuses des cousins de la princesse de Broglie d'Ingres. Ils étaient rescapés d'une fuite précipitée de Constantine vers la France en 1961, de longs séjours dans des greniers et des caves divers jusqu'à ce que *le père de mes enfants* exige de son propre père leur restauration.

Cette nuit-là, la prémonition de gouttes épaisses et chaudes tomba sur mon visage. Je me réveillai et vis que le plafond blanc fonçait progressivement depuis le coin de la pièce et que peu à peu la tache sombre gagnait le mur et allait atteindre le portrait de Rachel. Je pensai à un dégât des eaux, une machine à laver folle, une baignoire oubliée dans le noir à l'étage supérieur, mais la tache qui s'agrandissait était sombre, sombre et rouge, comme un sirop, ce que c'était était effroyable mais il fallait l'accepter, une inondation contre nature, qui n'a d'onde que la substance liquide, une coulée de sang. De tout cela, je ne pris sans doute conscience que lorsque je me retrouvai debout sur le lit, un tableau entre les mains, prête à le déposer délicatement sur les draps, face cachée, pour le protéger, pour le sauver, comme le premier qui s'y trouvait déjà. Le mouvement avait dû finir par me transporter dans une région de sommeil plus fragile encore. Je me souviens de l'effort, cet effort qui, quelques années plus tard, serait celui de presque toutes les nuits, une lutte contre la tenace réalité du rêve, quelques secondes qui pouvaient s'étirer en minutes pour reprendre le dessus, réactiver les principes somnolents de la raison, constater la blancheur du plafond, le silence, l'absence de danger, afin de pouvoir entamer l'espèce de démêlé avec moi-même, argumenter en faveur de l'état rassurant du monde de l'éveil et me convaincre que je pouvais remettre les tableaux à leur place et retrouver le sommeil.

Cela, ce n'était pas difficile, car je crois que je n'en étais pas à proprement parler sortie, mon second réveil, celui du raisonnement, n'ayant qu'un infime degré d'effectivité de plus que le premier, tous deux pris dans les rets de l'effroi, plus redoutables que ceux de la confusion, que dénouait instantanément la nuit retrouvée.

L'effroi : cette sensation d'être vidée de moi-même. Chaque fois que j'ai pensé à ce rêve, chaque fois que je l'ai raconté, non pour mieux m'en défaire, mais pour le comprendre, le réintégrer en quelque sorte à ma personne, j'ai pensé que j'avais perdu les eaux pour la seconde fois dans ce même lit, exactement couchée à la même place, sous la grande tache rouge fantasmée, et que cet écoulement du sang, ce mélange de dégât des eaux et d'effusion sanguine, avait quelque chose à voir avec l'accouchement. Faire des enfants. *Faire famille.* La défaire.

Ce n'est plus le même appartement. Ce n'est plus la même chambre. Ce n'est plus le même temps. C'est pour moi le même rêve, peut-être le même avertissement, et, après la bataille, la même récrimination. Cette fois, dans cette chambre devenue la mienne, dans cette régression avant le couple qui à cet égard rappelle la chambre à soi de l'enfance, le cauchemar semble avoir pris une espèce d'ampleur. Il ne se manifeste plus par un coin de l'espace, quoi que sa fiction se répande toujours à partir d'un point vague situé derrière et au-dessus de ma tête, mais il s'empare de toute la pièce en en gangrénant le côté droit, le côté de la fenêtre. Ce que je peux seulement raconter du rêve, c'est mon extraction brusque, à la fois précise et chaotique, ce moment où je me réveille pour constater qu'il est trop tard, qu'en vain je me rappelle ce qu'il aurait fallu faire pour qu'il ne le soit pas, ce moment où je dois ressasser des certitudes tangibles en reprenant pied dans le réel, assise et dressée sur mon lit, observatrice, dans l'espace de la chambre, espace commun à l'éveil et au rêve : personne n'est mort, ni les enfants (première version, leur mort est atroce bien sûr, mais il est plus atroce encore de leur survivre), ni moi (version ultérieure, ma mort a l'allure d'un sarcophage, je suis enfermée dans le noir, *locked-in* syndrome, je suis vivante dans ma mort), la chambre n'est pas barricadée et totalement et fantastiquement isolée du reste du monde (version précoce, proche de la précédente), la chambre n'est pas en train de basculer dans le vide de la rue, entraînant avec elle tout l'immeuble (version ultérieure), le plafond de la chambre n'est pas en train de se fissurer comme tout le long de mon corps, et le mur et sa fenêtre se détacher pour tomber dans la rue (version ultime). Non, rien de tout cela, et toutes les infimes petites variations de ces scenarii catastrophes, nuit après nuit. Chaque fois, dans ce réveil intermédiaire qui appartient donc à la fois à l'état de rêve et à l'état de veille, je suis saisie par l'évidence d'avoir oublié de faire quelque chose, ce geste sécuritaire essentiel qui aurait permis d'éviter ce qui est toujours, sans demi-mesure, le pire, radical et pur, fermer les volets parfois, enclencher une alarme souvent, une action aussi floue, aussi peu identifiable qu'elle est cruciale la plupart des nuits, cette chose qui se situe au-dessus et derrière ma tête sur la droite, dont je ne prends conscience de l'importance que lorsque *tout est fini* et *tout est de ma faute*, par l'étendue du désastre – silence de mort, noir absolu (alors que les volets ne sont pas fermés et que la lumière du lampadaire de la rue vient lécher le petit balcon de son soleil artificiel pâle et sale) – mais surtout par le sentiment qui m'est laissé, auquel plutôt je suis laissée, comme en pâture, et qui doit être la clé de tout cela. Plus que l'effroi, la traduction physique de l'irrémédiable, un vide absolu, avec, au fond de la terreur, pour pouvoir y survivre, une sensation, mais inerte, froide, terminale, de paix. Dans sa version éveillée et banale, ce sentiment porte le nom de culpabilité.

Dans les nuits, j'écoute le silence, et, selon les versions du rêve, je me lève pour entendre la respiration de mes enfants dans leur sommeil, je fais des mouvements et touche mon corps, j'ausculte l'inclinaison de la pièce, j'écarte les rideaux pour constater qu'aucun effondrement n'est en cours. Une fois, j'entends une voiture démarrer dans la rue, j'ouvre la fenêtre et crie « s'il vous plaît », j'appelle à l'aide. L'agitation me réveille, même s'il ne s'agit peut-être que du passage d'une profondeur de sommeil à une autre moins abyssale, je me raisonne, je procède à des vérifications conscientes, d'abord concrètes puis, au fur et à mesure de l'apprivoisement du rêve et de ses transformations, mentales seulement, j'ai un peu honte, je me rendors, je replonge dans l'abysse du sommeil.

Un jour, il me vient à l'esprit que cette idée de précaution vitale à prendre avant de s'endormir, tout de même, me rappelle quelque chose. Le souvenir éclot dans le rêve même. Pas d'alarme cette fois, pas de défaillance technique. Quelque chose sur la table de nuit, à droite au-dessus de ma tête, quelque chose à prendre, tous les soirs. Un geste quotidien. Un traumatisme ancien. Un risque à assumer. Un enjeu crucial. La respiration des enfants. Les faire. Les défaire.

Je me souviens : il y a longtemps, avant les enfants, avant eux qui ont scellé définitivement un lien, eux qui accomplissent encore que l'homme dont je me sépare, dont je ne veux plus partager la vie, ni présente, ni passée, ni future, soit encore *le père de mes enfants*, longtemps avant eux, il m'arrivait de me réveiller la nuit, saisie d'angoisse, de me tourner vers la table de nuit, à droite près de ma tête, et de chercher à tâtons et de compter, de lire dans le noir le braille des comprimés dans leurs alvéoles de plastique, faisant tinter à peine, bruire doucement, dans la nuit, la plaquette, de vérifier que j'avais bien pris la pilule.

Il est bien question des enfants, de la responsabilité que l'on a envers eux de ce qu'ils ont toujours connu, ce qui a été conçu d'une certaine manière pour qu'ils soient conçus, le milieu naturel de leur existence, le pas de deux, puis de trois et de quatre, et qui, chaque nuit de la séparation au long cours, semblait se concentrer dans l'espace concret symbolique de la chambre n'ayant plus rien, prodigieusement et scandaleusement, de parental ni de conjugal. La famille. Mais les mots sont taquins : la cellule familiale. C'était elle aussi que je brisais. C'était d'elle aussi que je me libérais. C'était elle que chaque nuit je mettais en péril par des oublis fatals, et que mon inconscient rebelle faisait basculer dans le vide, comme pour me purger nocturnement et impunément de la culpabilité du saccage. Le jour, il m'arrivait de penser à ce scrupule des enfants, qui n'étaient alors pas de petites boules de chairs chaudes, regards pénétrants et pensées profondes, mais de sales arguments secs, réduits à ces arsenaux que vous oppose un entourage craintif des perturbations collatérales, protecteur des modèles estampillés.

Mais, en vertu des nuits catastrophes où s'abîmait ma vie de dévastatrice, en vertu des effrois par lesquels je payais et expiais, ce n'était qu'un doute léger, si léger, qui m'effleurait, et dont la légèreté, alors qu'il aurait dû m'assaillir et me faire ployer, me confortait. *Le père de mes enfants* me reprochait cette espèce d'insouciance. Ce n'était pas un reproche comme les autres, c'était un reproche fondamental, en ce qu'il touchait *aux enfants*, mais moins parce que c'était des enfants que parce que c'était et ce serait, toujours, entre nous, le dernier maillon. Il devait être persuadé que j'étais une sorte de monstre. Nous sommes toutes mères sous la menace de Médée. Mais la dévoration de culpabilité, la question lancinante de savoir si je faisais mal, l'horreur de détruire, je les ressentais, je les taisais, je les terrais, je les enfouissais, je les ensevelissais, si bien, si bien que c'était même sans le savoir, je les ennocturnais et les détournais, mes tortures, innocente, et avec entêtement.

Je crois aux phénomènes de transfert. Dans le monde baigné de pensée magique, les choses sont liées par une circulation fluide, tout est dans tout et le moindre élément est le reflet de tous les autres et du tout. Enfant, je me repaissais de l'image laborantine des vases communicants, que j'agrandissais à l'échelle de l'univers, j'imaginais un orgue atmosphérique et ses infinis tuyaux transparents, éprouvettes emplies de couleurs liquides, d'azur, de vapeur, de divers crépuscules, d'extraits de paysages, et dont les contenants, sans qu'aucun mouvement soit visible, non seulement s'équilibraient mais se mélangeaient et s'échangeaient. Il n'y avait pas que les nuits qui me blanchissaient de mon famillicide.

Le jour, je volais. J'ai volé. Des mains et des livres. Des lectures. Pas les visages. Est-ce qu'on est encore une personne sans visage ? J'ai volé des gens, pas des personnes. Je voulais respecter leur personne. Je ne pouvais pas respecter leur vie privée ou leur intimité, car je photographiais leur lecture qui est, avec la toilette et les manifestations du désir, un des actes les plus intimes de la vie. Je n'aimais pas le faire, voler. Mais cela avait un sens. Je m'inventais une culpabilité. Une que je pouvais toucher du doigt. Patente. Il fallait bien être coupable de quelque chose. Je choisissais.

Je me cachais à peine. Silence de la petite machine, pas même une vibration. Semblant de me plonger dans mon écran, pouçoyer, comme la horde. C'était mon masque. Je n'étais personne, et eux, le peuple de scaphandriers. Métaphore disponible : la bulle. C'est pourquoi mon regard ne pesait rien. Je m'asseyais à côté d'eux, en face d'eux, je me tenais derrière eux, je lisais pardessus leur épaule, aussi inaperçue dans leur dos que dans leur champ de vision, je ne faisais pas partie de leur espace. Je les prenais en photo, je volais l'image de leurs mains et de leur lecture, je n'existais pas, c'était mon impunition.

Sauf une fois.

C'était le soir, la nuit d'hiver tombée tôt, en semaine, le wagon presque vide. La jeune femme se tenait debout contre les portes condamnées, j'étais assise sur un strapontin près des portes valides. Elle comprit la photographie, me prit à partie, aussitôt indignée, en colère. Il n'y avait rien à répondre. Je lui demandai de bien vouloir accepter mes excuses. Je lui dis qu'elle avait entièrement raison. Je ne cherchais pas à me dérober, je pensais sincèrement qu'elle avait raison. Elle s'est entêtée dans ses reproches. Ce n'était pas agréable. Je les trouvais violents, disproportionnés, puisque j'avais fait marche arrière, produit de sincères excuses. Nous pourrions discuter. S'excuser n'est pas une excuse. J'eus droit à un procès de quelques secondes. Je payais. La lumière jaune et crue du wagon était mon blâme, une cloche de soufre. Je lui ai montré que j'effaçais bien la photographie. Elle n'existe plus. Je ne peux pas m'empêcher de me souvenir qu'elle était très belle, pourtant. Tout me donnait tort, jusqu'au livre lui-même : la demanderesse lisait Voltaire.

La jeune femme sortit à la station suivante, perchée sur sa colère. Je pensai qu'elle avait peut-être seulement changé de wagon pour me fuir. J'essayai de m'apaiser, je livrai une petite lutte. Je n'ai jamais aimé être prise en défaut, avoir tort, j'éprouvai la tristesse propre à la justice et à l'injustice mêlées. Ce n'était pas bien et je ne faisais pas de mal. Mais cela peut être tout le contraire : ce n'était pas mal et je ne faisais pas du bien. Je me mis à pleurer. Bientôt, je ne savais plus sur quoi je pleurais. La culpabilité est un grand lac aux profondeurs obscures, et sa surface ne me renvoyait que mon reflet. J'éprouvais de la reconnaissance, parce que l'effroi des nuits ne devait pas suffire, j'avais besoin d'une preuve un peu plus cinglante, et qu'on me le dise en face, que je puisse assumer ma responsabilité, éprouver la culpabilité de voler des photographies dans le métro pour celle de rompre l'équilibre familial de mes enfants, de faire exploser leurs habitudes, de les contraindre à connaître la vie alternée de deux maisons, de deux chaleurs contraires, le ballottement de l'un à l'autre, la peur de la trahison, forcément en double, comme leur monde le serait, dédoublé, désormais.

Ce qui est étrange, c'est que dans les nuits à cauchemars, en particulier lorsque je devais lutter contre l'ample mouvement de bascule de la chambre dans la rue, qu'elle ne cessait de sombrer avec lenteur dans sa lumière jaune, je voyais l'inclinaison des murs, des tableaux et des photographies qui y étaient accrochés et me faisaient face, mais les livres eux, dans la bibliothèque sur le mur opposé et sur ma gauche, étaient absolument fixes. À aucun moment mon esprit ne les a entraînés dans la chute. Je n'ai jamais rêvé d'eux. Ils n'ont jamais été pris dans la catastrophe. Si j'imagine, à l'état de veille puisque le songe que la frayeur interrompt n'en produit finalement jamais que l'amorce et la crainte, la poursuite du mouvement d'abîme de la chambre dans la rue, je change de point de vue : me voici sur le trottoir, dos contre le mur du cimetière recouvert de la vigne puissante qui sert de camouflage et de garde-manger aux grosses palombes et dont le changement de couleur indique le passage des saisons, et je lève la tête pour considérer mon immeuble non pas éventré mais comme marqué, à l'emplacement de ma chambre, d'une monstrueuse morsure qui aurait pris la fenêtre, le lit, ma place, le mur, mon vis-à-vis, les tableaux et les photographies, mais aurait laissé les livres intacts sur leurs étagères, découpant une frontière très nette et très miraculeuse entre deux territoires, celui de la fragilité, de l'effondrement, et celui de l'invincibilité, de la capacité à demeurer debout, comme la nuit et le jour de ma vie séparaient l'horreur de la culpabilité et son résidu tolérable.

La séparation, le temps si long qu'elle dura, prenait parfois, entre *le père de mes enfants* et moi, la forme de grandes discussions, plus exactement des palabres, plus exactement des monologues tortueux, car j'y parlais peu mais écoutais beaucoup, et son besoin de parole à lui se refermait bientôt sur moi comme un piège. Lorsque les enfants étaient à l'école, nous prenions place dans le salon. Je m'installais dans le fauteuil contre la bibliothèque et faisais face à la fenêtre de l'autre côté de la pièce, qui me semblait alors lointaine. Et, pendant que *le père de mes enfants* parlait, pendant qu'il tissait et resserrait les mailles du filet de ma culpabilité, non que ses discours me tinssent explicitement pour responsable de ce qui nous arrivait mais parce que le seul fait qu'il eût tant besoin de discours, pour expliquer et surtout comprendre, alors que je ne désirais que le silence, pour accepter et oublier, semblait en constituer une preuve en soi, pendant qu'il m'enserrait dans les petits rets langagiers de la culpabilité, je sentais sur mon occiput les formes légèrement saillantes des dos des livres, comme des reliefs amis, une présence, et je regardais par la fenêtre, de l'autre côté de la muraille du cimetière, avant et masquant les premières rangées de tombes : un arbre. Il n'avait rien de remarquable, sa majesté tenait même à sa simplicité et à sa banalité. C'est un arbre dont la branchure semble se déployer autant horizontalement que verticalement, avec une certaine rigueur car la ramification est régulière et ses branches ne sont ni exubérantes ni tordues, si bien que pour l'avoir contemplé aussi sur le technicolor éloquent de couchers de soleil, il m'évoque des images cinématographiques d'arbres dressés en îlots solitaires sur la savane africaine, et je l'ai surnommé mon arbre d'Afrique.

Lorsque ainsi nous nous séparions, entre parole et silence œuvrant déjà à la séparation, mon crâne consolé par la carrure des livres, je ne regardais pas seulement l'arbre, mais je m'absorbais en lui, j'en parcourais tous les éléments avec une obstination si sincère que je me fondais littéralement en lui, que je n'étais plus écoute patiente dans le fauteuil, mais, sans qu'il y paraisse rien, non pas oiseau sur les branches de l'arbre, ni même brise, mais partie de l'arbre lui-même, une des petites billes en chapelet d'or vert qui l'identifiaient, et à partir d'elle, tout l'arbre, l'arbre tout entier, la patience, l'immobilité, la sagesse de l'arbre.

C'est comme ça que je tenais.

D'un côté, les livres, derrière et à gauche. De l'autre, l'arbre, au-delà sur la droite. Mes garde-fous. Entre les deux, le gouffre de toutes les nuits, dans lequel je basculais en frayeur pour pouvoir continuer à vivre les jours avec la joie légère, même illusoire, de ne rien abîmer.

Les livres ouverts ont la couleur de l'os, qui est à peu près la même que celle des arbres ouverts, de la chair sous l'écorce, leurs différents cercles de chair, phloème, cambium, aubier et bois de cœur. Les veilleurs transplantent la forêt. La pensée de l'esprit est comme la pensée des sous-bois, aussi inhumaine, aussi végétale qu'elle. Il n'y a que des signes. Dans des forêts, des déserts, des îles, des hommes les lisent comme nous pouvons lire les livres, et nous pouvons lire les livres ainsi, comme des éléments du monde, des événements infimes et majeurs, les lire comme ces autres signes.

Forme d'un nuage dans le ciel, qui s'étire selon certains principes et régularités du temps. Instant où une masse plus dispersée, comme une mince pellicule ébouriffée de coton, rejoint une autre plus dense et s'y incorpore, s'y agrège et s'y densifie. Bruit du vent que l'on voit dans l'agitation argentée des arbres, ces rivières pisciphores, ces rivières de diamants perdus.

Excréments des bêtes, dispositions des feuillages où elles sont passées. Naïvetés non monnayables. Phénomènes urbains, ce néon qui clignote, inventant un morse fantastique pour les âmes avides, feux de signalisation, feux d'enseignes dépouillés de leur sens commercial, nuits fanfare. Une phrase qui nous retient, scarifiée sur les murs de la ville, narguant de sa concurrence poétiquement délinquante les signalisations officielles ou publicitaires qui balisent dans leur déplacement nos corps citadins. Cette métaphore qui nous poignarde, une parole qui tombe, pierre dans le puits humain, le souffle que nous coupent deux sons accolés entre eux et le sens de deux mots dans l'oxymore. La phrase carillonnée d'un oiseau invisible, poinçon dans l'air mobile. Le fleuve sous un pont, vivant. La cloche rescapée qui sonne comme un centre dans les vallons. Les littoraux, les plaines vues, le mont tragique dans la brume d'où toute couleur est absorbée.

Lire les livres comme le monde, le monde comme les livres.

Mon train gris de banlieue, matin. Je reconnais un livre des éditions du Tripode entre les mains du jeune homme en face de moi. Je prends une première photographie, une deuxième, je cherche l'angle, le cadre. J'observe le résultat sur ma petite machine. Imprimée sur le tee-shirt du lecteur, une grosse et blanche tête d'ours s'incline légèrement, si bien qu'il n'est plus le seul à lire ce livre brun sur lequel une salamandre ailée prend son envol, l'ours lit avec lui, ce n'est pas par-dessus son épaule mais tout comme. Je reprends la photographie, nouvel angle, nouveau cadrage, il suffit d'un petit rien, de réduire à peine la distance, pour que sur l'image à présent, un ours blanc dans un train en partance de Saint-Lazare soit plongé avidement, grâce au jeune homme qui lui prête ses mains et lui tient le livre ouvert comme à un enfant, dans la lecture de *L'homme qui savait la langue des serpents* de l'Estonien Andrus Kivirähk, et qui, outre l'histoire du dernier reptilophone, raconte aussi celle de sa sœur, qui tomba amoureuse d'un ours.

Je pense aux miroirs. Dans celui qui reflète le jeune homme ici, et me reflète aussi, un gros mammifère carnivore, certes vêtu d'un pull ou d'un poncho dont on devine le col, mais que je devrais fuir, effrayée par la prédation ou la peur de l'autre, c'est-à-dire ma peur de l'ours et celle de l'ours à mon égard, et pourtant je n'en fais rien, car lui et moi sommes du même bord. Il y a plusieurs manières de voir cette image de l'ours qui lit. Comme un assagissement de cette «nature» qu'ainsi nous nommons, sa domestication, mais aussi, à travers le miroir, comme un appel à notre propre «nature», à cette chose en nous qui nous dénude, nous fait crier à l'os, nous rend semblables tous, en nous ramenant tous à cet autre ordre, à cette autre manière d'être au monde où nous ne sommes pas l'homme d'un côté et le reste de l'autre, mais mêlés et semblables. Car lire n'est pas le geste éminemment humain et culturel que nous croyons. Lire est notre dernière sauvagerie.

# MANIÈRES DE LIRE

Derrière les vitres des métros, il n'y a pas de paysages. Derrière celles des trains de banlieue, il y en a, je ne les regarde pas. Ce sont les mains des gens que je regarde. Ce sont leurs mains, mes paysages.

Au-dessus des phalanges, l'alternance des monts et des plaines qui permet de se souvenir du nombre de jours dans chaque mois de l'année, et puis les ombres que ces reliefs répartissent pour composer une géographie de peau, une dermographie qui les transforme en paysage aride, rocailleux et lunaire, que n'irrigueraient que des rivières souterraines mais à demi visibles, les veines, ou taries comme les lignes creusées dans les paumes. Chaque main, un territoire. Chaque main, une planète, close sur elle-même, une île résistant à la cartographie.

Dans le train de banlieue un matin, un soleil givré perce à travers les vitres balafrées et surexpose les deux pouces des mains blondes du lecteur de *L'Affaire N'Gustro* de Jean-Patrick

Manchette. Terres irradiées, luminescentes au-dessus de l'éminence thénar droite, le mont de Vénus des chiromanciens, et des crêtes de la phalange gauche, au-dessus du golfe noir formé par le pouce et l'index, où mouille l'esquif fier de la *nrf*, tandis que dans l'intérieur des terres, trois dunes veineuses se dressent, semblant implorer les forêts.

Métro, trajet retour d'un tout autre jour, las. Le vieil homme lecteur d'un curieux volume sur la couverture duquel le nom de Céline se tient tout droit en majuscules, énorme au centre d'un bandeau vert. Le titre restera à jamais flou. De sa main droite ne se voit que le dos, d'où sort un index replié qui soutient le livre tandis que le pouce disparaît entre les pages. Ce dos de main, massif, une plaine puissamment irriguée, tant, qu'elle semble regorger de cette eau qui la boursoufle et l'use, une plaine fertile, ronde, généreuse, dont on peut voir dans la région annulaire resplendir comme un coucher de soleil hivernal un plein couronnement d'or.

Il lit *Le Rouge et le Noir* et je suis tout près. Livre posé sur sa paume et la face interne de son poignet, dans le prolongement, recouvert par la manche de l'imperméable sapin. Les sommets métacarpiens sont inversés, cimes en bas, fleuves difficiles, gourds. Entre le pouce et l'index à demi caché, une faille d'ombre, comme si la roche se fendait, une entaille sismique qui fait plisser ses bords en deux brèches latérales et se termine par une fourche.

Beaucoup de plages de sable fin, de champs ras dans la lumière, de printemps champêtres et farouches, les mains des jeunes filles, campagnes immobiles, alanguies, confiantes.

Des mains des voyageurs naissent les métaphores.

Je l'ai surnommée la Petite Boxeuse. Les pages entre pouces et index repliés, le reste de ses doigts sont fermés serrés, contre couverture et quatrième, si bien que ses mains sont des poings prêts à se battre, suspendus en l'air, à l'affût du danger. Elle tient son livre au-devant de sa poitrine, les bras repliés, presque au niveau de son visage, de son menton que la photographie laisse deviner fin, insoumis. Garde haute. Position de combat. Derrière son livre, à partir de ses poings dressés, de son menton de petite insurgée, je lui compose un visage farouche. Elle lit *Un cœur simple* de Gustave Flaubert.

Plusieurs fois, une prise étrange apparaît. Livre tenu d'une seule main, le pouce d'un côté cale les pages, de l'autre, cette tâche revient à l'annulaire et à l'auriculaire conjoints, les deux autres doigts, index et majeur, disparaissant derrière le livre, côté couverture, en une inquiétante amputation. J'appelle cette manière, qui tire obscurément ses adeptes vers la faune carapacée des littoraux rocheux, la « pince de crabe ».

Il y a les fervents. Leurs mains s'avancent, allongées, planes, dignes, doigts rassemblés, maintenant le livre devant son lecteur par en dessous sans que les pages aient besoin d'être retenues, dociles. Il devient un plateau pour des libations secrètes, un don désintéressé. Pour un peu, on pourrait croire qu'il flotte, suspendu dans les airs, comme une offrande surnaturelle. Ou encore que le livre est ainsi présenté pour capter des messages tombés du ciel. C'est une attitude d'un autre temps, aux teintes païennes de cyprès toscans ou de gui celte. C'est une cérémonie. Parfois les pouces apparaissent, et le geste est celui d'une sincère salutation, comme si le livre tenu était les mains d'un autre accueillies chaleureusement. Geste de bienveillance, de compassion.

Il y a les musiciens. Dans le métro ils forment un orchestre clandestin, silencieux, philharmonie de mimes. Leurs mains tiennent les livres comme elles s'ajusteraient sur un instrument. Penser violoncelle, cithare, luth, harpe, et membres de cette famille asiatique qui se placent à l'horizontale devant soi, ou à l'oblique, hautbois aussi parfois, mais dont le corps serait couché sur les genoux de l'instrumentiste. D'où viendrait le souffle ? De la poitrine, par des canaux impalpables, cordiaux. Le pouce et l'index de la main droite pincent des cordes qui ne sont pas, si ce n'est les fils de lettres noires sur la page, les doigts de la main gauche, sollicitant toutes leurs articulations, dissymétriques, placent un accord. Cette musicienne-ci, c'est de son pouce et de son majeur, en un geste dont la délicatesse est bouleversante, qu'elle saisit la page qu'elle est en train de lire, tandis que le majeur de son autre main, légèrement soulevé entre l'application de l'index et de l'annulaire, tient à la frontière entre les deux pages un arpège muet. Lisent-ils encore ? Ne jouent-ils pas plutôt de leur livre ? La stridence du métro. Les conversations étouffées. Le silence des livres, les petites fenêtres de lumière. Synesthésie urbaine, un regard pour oreille. Elle ne s'entend pas, elle se voit, la musique des corps.

Parfois les lecteurs-voyageurs retombent en enfance. Leur main, une seule sur deux, retourne à l'origine, aux premiers jours du monde écrit, c'est-à-dire à l'apprentissage, au déchiffrement, lorsque les lettres s'assemblaient sur les lèvres en syllabes et les syllabes en mots et qu'alors les mots grimpaient tout à coup dans le train fantastique des phrases, et que l'index, paume posée contre le texte, suivait la ligne attentivement pour ne pas en perdre le fil.

C'est le début de l'été. Dans mon train de banlieue le soleil déverse une lumière pâle mais impérieuse, un caprice solitaire, sur le livre et les jambes nues d'une lectrice. Un roman de Conan Doyle. Je lis à l'envers *Sir Nigel* sur le haut de page, dans l'éclaboussure du soleil. Sa main gauche fermée effleure le bord du livre. De la droite, trois phalanges sur une page tandis que l'index pointe l'autre, comme pour y montrer quelque chose. La démarcation entre l'ombre et la lumière, à moins que ce ne soit le mot *impressionnants* juste avant cette frontière, et dont le s disparaît sous le doigt. Outre ce geste de diligent novice, de l'enfance, la jeune fille semble avoir conservé la peau rose comme une aube, le souple, le poupin, l'immaculé.

Il y a les ingresques. Ils sont rares. Ce sont des apparitions. Je les appelle ainsi en vertu de la nonchalance de leur bras, qui se déploie et prend ses aises sur l'accoudoir ou le dossier du siège, prenant sans le savoir la pose de quelques-unes des femmes dont Ingres a fait le portrait, Madame de Senonnes, Margaret Holsinger, Madame Leblanc. Ce sont des lecteurs d'heures creuses, forcément.

Mon train de banlieue toujours, milieu d'après-midi, retour. La lumière est blanche. La jeune fille, un modèle béni. Tant de perfection, d'aisance. Son corps est si fin et diaphane qu'elle peut se permettre de le vêtir de matières informes. Sa mise pourtant est très étudiée. Le tissu imprimé en noir et blanc, aux motifs géométriques, me rappelle une des *Trente Plus Belles Histoires pour les tout petits* que je lisais avec mes enfants, dans leur monde d'avant le monde écrit : le bogolan africain que la mère peint pour son bébé à naître, avec un bâton plongé dans la boue, sous les branches du calebassier. Pourtant, les bras ornés de bracelets de perles sombres, en bois, de cuir, qui sortent du tee-shirt gris trop ample pour elle, sont ceux d'une princesse de Broglie, d'une possible odalisque, ceux aussi d'un grand phasme clair, ou les ailes d'un échassier. Une ombre brune marque l'intérieur de son coude comme si elle avait été brûlée. Tout le reste est intact. Ongles rouges, vénéneux. Sa main, doigts interminables, légèrement écartés, une araignée d'ivoire ponctuée de rubis. Je pense bien sûr : jeune fille en fleur. Elle lit *Le Blé en herbe*.

Le souvenir d'Ingres n'accompagne pas seulement un corps-lecteur féminin. Une autre après-midi, lorsque j'entre dans la rame presque déserte, je le remarque aussitôt, de loin. C'est plus son attitude que je repère que lui-même. Je devine qu'il lit sans apercevoir aucun livre. Il n'est pas convenablement assis, comme il y serait forcé s'il y avait plus de monde. Il est tourné dos à la fenêtre et accoudé au dossier du siège. C'est ce coude et ce bras gauche que je vois en premier : je suis certaine qu'il est en train de lire. Je traverse la rame et viens m'asseoir dans le carré, en face de la place sur laquelle il déborde. Le jeune homme a exactement l'attitude d'une grande dame d'Ingres, sa main tombe à la verticale sur son livre, elle semble suivre scrupuleusement la ligne métallique de séparation des deux sièges bleu nuit. L'autre soutient le livre dans un geste de fervent, plane, impeccable. Quand je lève enfin les yeux de cette mise en scène, je m'aperçois que les cheveux et la barbe rase du jeune homme sont exactement de la même couleur que son pantalon, cette couleur camel qui, sur les murs des villes italiennes, serait Sienne. Nonchalance parfaite, non pas absolue, mais précise, rigoureuse, maîtrisée.

Parfois, les livres semblent vouloir échapper aux mains qui les tiennent. Leurs pages se feuillettent toutes seules comme si un courant d'air avait surgi dans la rame, dans le wagon, alors que cette envolée n'est due qu'aux corps propres des livres, qui déploient primesautièrement leurs pages, les font déferler une à une selon les lois aériennes de la gravité. Leurs lecteurs suivent le mouvement, ils infléchissent leur poignet, suspendent leur respiration, ils connaissent leurs bestioles, oiseleurs sans pièges ni filets, oiseleurs comme les vents oiseleurs, fauconniers de papier.

Mes préférés, ce sont les berceurs. Ils lisent ou ne lisent pas. Souvent je les surprends dans un moment d'attente, ils sont là, et leur être semble plus palpable, plus présent, que celui de quiconque. Ce doit être la rêverie qui leur donne cette densité, une suspension pensive qui les concentre, trêve de l'éparpillement de toute activité, immobilité, contemplation peut-être. Mais que leur livre soit ouvert ou fermé devant eux, ce qui compte c'est l'impression de protection que leurs mains façonnent. D'où vient-elle ? Où prend-elle naissance ? Dans la chair sur la chair, la caresse, car, contrairement à toutes les autres, ces mains qui lisent ne sont pas disjointes, elles se touchent, se prennent, s'enlacent, se soutiennent. Les berceurs ne lisent pas d'une main, ils ne lisent pas des deux mains, mais de deux mains qui n'en font plus qu'une, et, au-delà d'elle, ils lisent de tout leur corps solidaire, dont le tact ponctuel, l'intimité manuelle, est le creuset.

Plusieurs figures de berceurs. Ceux-ci tiennent leur livre dans une main tandis que l'autre repose sur le poignet de la première, comme si elle l'encourageait ou comme si elle lui offrait sa parade, montait la garde.

Dans le tram bordelais. La jeune fille, jean troué au genou gauche, est debout toute raide dos à la vitre et au paysage urbain. Contre ses jambes, au bout de ses bras collés à son corps, elle tient un poche de Patrick Modiano, *Pour que tu ne te perdes pas dans le quartier*, semble s'y cramponner. Sa main droite agrippe le livre, sa main gauche agrippe sa main droite. Elle se tient très fort elle-même par la main.

Train de banlieue, à l'arrêt, dans l'attente brève d'un retour ensoleillé vers Paris. Chevauchement des doigts, boutons de nacre des ongles sur les phalanges, index sur index, majeur sur majeur, annulaire sur annulaire, rigueur et grâce réunies. Cela ressemble à une prière. Les rayons célestes baignent les mains de la jeune lectrice, scène mystique. Juste au-dessus, le visage d'Érasme gravé par Dürer. *Éloge de la folie*. C'est une merveilleuse prière.

Dans ce métro des heures de pointe, je n'ai pas seulement eu la chance de trouver une place assise. La jeune femme en face de moi a cessé sa lecture, refermé précautionneusement son livre et je peux découvrir son identité à présent qu'elle le tient serré contre elle, sans doute le portrait de Romain Gary sous la casquette démesurée, ses yeux transparents, contre son ventre. C'est elle, la berceuse originelle. *La Promesse de l'aube* est entre ses mains comme un enfant. Ses mains : deux petites conques, barques protectrices. Que fait-elle pour avoir les mains ainsi abîmées ? Je remarque une petite tache et son ongle qui semble gâté. Une artiste ? Peut-être sculpte-t-elle ? Qui, du livre ou de ses mains, doit être protégé ? C'est un échange. Elle prend soin du livre qui a veillé sur elle. Berce celui qui l'a bercée. Peut-être est-elle tailleur de pierre ? Peut-être vient-elle de sculpter les rochers anti-migrants de la porte de la Chapelle ?

Les ancêtres sont descendus des canopées et l'homme a marché sur ses deux jambes. Il a fabriqué des outils, ouvert la voie de la technique, de cette *mainmise* sur le monde. Mais la fin dernière de la libération de la main de l'homme, ce n'était pas cela. L'homme s'est levé sur ses pieds et a découvert l'agilité de ses mains pour le don et la caresse, et pouvoir un jour tenir les livres et les lire.

*Le père de mes enfants* se moquait parfois de moi, et c'était un reproche, parce que j'aimais les accords. J'y prêtais de l'attention, dans mes vêtements par exemple, matières et couleurs. Il méprisait mes assortiments. Il disait que ce n'était pas cela, le goût.

Dans la métamorphose de ma vie, j'avais besoin de cohérence. D'harmonie, ou de son illusion, l'une ou l'autre perdue.

C'est l'environnement matériel qui compose. J'enregistre le décor du théâtre urbain.

Ce volume de *L'Étranger*, couverture en noir et blanc, et derrière lui, une série de lignes, parallèles, obliques, celles de l'habitacle du train gris puis par la vitre rayée celles de la carène ondulée d'un autre train gris, et par la vitre de ce train des lignes encore, bouches d'aération sur le quai là-bas, comme deux espèces de persiennes déplacées, grises ; le nom rouge de

Camus et sous le titre, incongru, un morceau de scotch jaune, désaxé, Rothko perdu.

Deux lectrices en vis-à-vis sur un fond vert d'eau, vert menthe à l'eau, vert RATP ; l'une, en dégradés de noirs et blancs, damier pied-de-poule, lit *La Dame à la licorne* de Tracy Chevalier, l'autre, jouant sur deux ocres bruns, on ne le saura jamais, ce qu'elle lisait, elle sera là seulement pour le contraste, le dialogue des couleurs, pour tirer à elle la lumière et laisser sur sa faim.

Dans toutes les anciennes rames, les rames qui grincent et pleurent, les carlingues élégiaques, le métal, la vitre, le néon dessinent des espaces qui tordent le temps. Elles déclament un futur qui semble avoir toujours cent ans, l'enrayement d'un XX^e siècle guerrier. Les livres s'y décuplent parmi les griffures. Les barres métalliques verticales, que les reflets fractionnent, scindent, tranchent, ordonnent. Dans un autre monde, elles sont bienveillantes, on se retient à elles. Ici, dans le monde de l'image, elles sont un instrument de la composition et injectent dans le premier monde un supplément de sens.

D'un côté, le livre, *The Help* de Kathryn Stockett ; de l'autre, une main tendue. La barre de métal sépare les deux comme si elle savait lire, mettait en scène le titre du livre et le corps à proximité.

À plusieurs, les tiges d'argent jettent en prison les livres animaux. *Le Pingouin* d'Andreï Karkov.

Un ciel de lignes, lignes de démarcation, un ciel de sûreté, douves, coiffe *Le Piège* d'Emmanuel Bove. Son titre énorme sur la couverture rouge, une mise en garde.

La surface lisse de l'habitacle intérieur le plus récent, brillante et grège, exactement la couleur de cette nuit, glace sans tain du dévasté et de la stupeur, reflète en la diluant la main qui lit *La Nuit* d'Elie Wiesel, un accommodement au silence.

Un jour, debout dans le train gris de banlieue, l'instant de la photographie est celui de la vitesse, son décor, un balayage horizontal, le flou du mouvement, traîne, senne, souffle. Les mains du lecteur sont celles d'un berceur en même temps fervent, une espèce de prieur. La photographie saisit ce que peut-être le lecteur tient dans ses mains refermées, l'une dans l'autre, exactement ce que dit le titre du livre de Zafón : l'ombre du vent.

Encore plus de cohérence, dans le monde puisqu'il n'y en a plus en moi.

Je glane de curieuses coïncidences. Elles deviennent mon refuge. M'interroger à leur propos est un détour : je crois me fuir, je me retrouve.

Se peut-il que les gens qui lisent assortissent le livre qu'ils lisent aux vêtements qu'ils portent ? Ou peut-être l'inverse ? Choisissent-ils le matin un paraître qui accompagnera leur lecture, ne déparera pas ? Se peut-il qu'ils traitent le livre comme un accessoire ? Une écharpe, une bague, un collier, un chien, une couleur d'ongles peints, une mèche de cheveux, un livre. Du livre comme du tatouage, comme du bijou épinglé dans la chair, la sculpture identitaire. Se peut-il que le livre soit accessoire ? Se peut-il que les gens qui lisent ajustent leur attitude sur celle des figures représentées sur les couvertures des livres ? Se peut-il qu'ils n'en sachent rien ? Que le monde concret soit le produit de l'inconscient collectif ? Ils font bégayer l'image, doublent le réel, s'élisent un visage puisque je ne photographie jamais le leur. Le livre est-il leur masque ? Ou est-ce tout le contraire ? Quel est le contraire du masque ? Je m'entends répondre : le désir. Attendent-ils du livre qu'il leur offre un visage selon leur désir ? Selon leur paix ? Selon leur combat ? Est-ce bien eux ? Est-ce moi, là ?

Elle lit *La Fin de l'homme rouge* de Svetlana Alexievitch : sur la couverture une femme porte le drapeau rouge orné de la faucille et du marteau or. Mais sur la photographie, il y a deux taches rouges, presque exactement de la même forme triangulaire, comme un papier découpé qu'on aurait collé là et là, le drapeau de la couverture et le foulard de la lectrice.

Elle lit *La Madone des sleepings* de Tonino Benacquista : sur la couverture, assomption de rails vers un ciel rouge. Mais sur la photographie, il y a deux taches rouges, presque exactement de la même forme irrégulière, le ciel sang et le pantalon de la lectrice.

Il lit *Le Procès* de Kafka. Il tient le livre d'une seule main, crispée jusqu'à la difformité, et dont la contraction semble imiter l'enchevêtrement de portes à la M.C. Escher qui saturent l'espace de la couverture, tandis que derrière le livre, la répétition des motifs géométriques de son écharpe accuse le vertige.

Il lit une ancienne édition du Livre de Poche du *Soulier de satin* de Paul Claudel, pages jaunies. Sous son manteau et sur sa chemise blanche, une brillance, comme l'étoffe soyeuse d'un costume de scène, le satin du titre, un gilet de satin, une fougue étouffée. Sa main serre à se rompre la douleur des trop tard, un sentiment princier. Sur la couverture, une petite Doña Prouhèze blonde attend indéfiniment devant le château du Siècle d'or.

Elle lit *Aleph Zéro* de Jérôme Ferrari. Elle est très élégante, comme si elle cherchait à tendre vers ce nombre, cet objet mathématique théorique, l'aleph zéro, le cardinal de tout ensemble infini dénombrable, comme si le soin apporté à son apparence, son incorruptible robe bleu roi, la longueur parfaite de ses ongles, ses jambes croisées avec la plus discrète dignité, était la part personnelle de la lutte contre le vide et le chaos que ce nombre inspire. Ses jambes sont croisées comme celles de la femme sur la couverture. L'expression est profonde ici, creusant le gouffre : mise en abyme.

Des ongles corail pour *Becket ou L'Honneur de Dieu* de Jean Anouilh, des ongles rubis pour la couverture rubis d'une biographie massive de Duke Ellington, des ongles grenat pour attendre Godot, des ongles noirs pour un livre sur le quai, des ongles vermillon pour *Le Blé en herbe*, des ongles de mains de peintre, maculées de taches bleues, pour un livre inconnu, des ongles bleus pour les forêts de Sibérie, des ongles rongés pour *Le Troisième Homme* de Graham Greene, en version bilingue, des ongles vert chlorophylle pour un album de Black et Mortimer, des ongles gris, une seule nuance, sans rire, pour *Fifty Shades of Grey*.

Il lit le dernier des *Vernon Subutex* de Virginie Despentes, à l'heure du petit déjeuner. Debout, adossé à la porte condamnée, le livre dans sa main droite, à hauteur de regard. Sa main gauche brandit, comme un spectre ubuesque, comme un talisman contre toutes les déchéances, comme un artefact viril pour conjurer les outrages de la barbare époque amazonique, une banane.

Elle lit *Le Diable amoureux* de Jacques Cazotte, une grosse bague argent au doigt. Et sur la couverture, une créature nue, jambes tressées, omoplate aiguë, lit aussi. Elles se font face.

Elle lit un catalogue d'exposition. Ce doit être une monographie de Picasso. Elle est ouverte sur ses genoux à la page de la reproduction d'une *Corrida* de 1936 : entremêlement convulsif de corps animaux, cornes, queues, crins, sabots, couleurs hispaniques. Les doigts de la lectrice sont posés presque à la verticale entre les deux pages, son auriculaire exactement sur le coin inférieur droit de l'image. À son annulaire, la stupeur de l'assortiment, une grosse bague en forme de fleur dont les pétales sertis d'or ont les mêmes couleurs que le tableau et en imitent les entrelacements. Ce n'est peut-être qu'un instant, le hasard. C'est peut-être aussi un caractère, une singularité déposés là, toute la rigueur d'une vie.

Elle lit un livre dont l'identification me restera à jamais inconnue. Il est de grand format, porteur de texte serré et d'images. Il me semble qu'elle étudie plus qu'elle ne lit. Sa main droite est invisible, soutenant le livre par en dessous. Sa main gauche est posée sur les pages, comme si elle voulait retenir ce qui s'y trouve écrit, comme si ce savoir qu'elle doit faire sien pouvait s'envoler. Cette main porte une bague, ou peut-être deux. Il doit s'agir d'une alliance à son annulaire, un de ces modèles qui réunit deux anneaux entrelacés, souvent de deux métaux différents, or et argent. La photographie laisse deviner, à peine, une nuance. La vue de cet anneau double me bouleverse. L'union des métaux, la fragilité de la chair tout autour. On dirait deux êtres vivants, deux petits animaux apeurés.

Lorsque j'ai enlevé mon alliance, il est resté sur mon doigt un sillon plus clair, l'empreinte que la bague avait creusée pendant des années, comme un témoignage d'usure aussi. Je frottais un peu la peau, je songeais à cette scène du *Peau d'âne* de Jacques Demy, dans laquelle les femmes décapent leurs doigts à force d'onguents et de savons pour les affiner jusqu'à la taille minuscule de l'anneau trouvé dans le gâteau princier. Je voulais faire exactement l'inverse : préparer mon annulaire à une tout autre vie, nue, et même dénudée de la trace. Mais il n'y avait rien à faire, simplement laisser le temps passer, la peau reprendre sa place en vertu de ses propriétés élastiques, contempler les progrès de la résorption, caresser l'orbe devenant peu à peu invisible, mais que le bout de mes doigts devinait encore, à moins qu'ils ne transmuent en sensation le souvenir. *Le père de mes enfants* avait ôté la sienne, plus tôt et d'abord par intermittence, parce qu'il disait qu'elle était devenue trop étroite et qu'elle lui faisait un peu mal. Il avait planté un clou dans le mur au-dessus de son bureau et il l'accrochait là, de temps en temps, de plus en plus souvent, définitivement. Je me souviens de ce petit cercle sombre sur le mur blanc, comme une serrure magique dont le fonctionnement m'était inconnu, ou comme un signe, mais un signe de rien, sinon de patience et d'inutilité.

Dans nos alliances, presque jumelles, la sienne seulement un peu plus épaisse que la mienne, nous avions fait graver une inscription. C'était une prudence en même temps qu'un mantra, qui jouait sur le premier et le second degré, l'existence matérielle de ce petit objet et le lien symbolique qu'il représentait : « Ne me perds pas ». En amour, tout est vrai. Nous nous sommes perdus et nous ne nous sommes pas perdus. Il m'a perdue mais ne m'a pas perdue. Je me suis perdue et je me suis retrouvée. En me perdant, en le perdant, je nous ai perdus, mais je me suis retrouvée. Quant à nos bagues dans leur précieuse concrétude, nous ne les avons pas perdues, mais nous les avons rangées avec tant de soin que nous ne savons pas où elles sont.

Après que j'eus enlevé mon alliance, *le père de mes enfants* m'offrit une bague pour la remplacer. Un anneau de rupture, un anneau de l'après. C'était une bague en argent dont le chaton était orné d'un petit Sacré-Cœur percé d'une flèche de part en part, de bas en haut. Le symbole était beau, lesté d'une aura certaine de culpabilisation lancinante, et, sans doute pour relever le défi absurde d'endosser une faute que je n'avais pas commise, puisque l'un ou l'une ne quittait pas l'autre, que personne n'abandonnait personne, que nous nous séparions, que *nous* se séparait, je la portai. La bague remplit sa mission au-delà de sa charge symbolique. Chaque fois que je m'habillais ou me déshabillais, mais aussi la plupart du temps quand je manipulais des objets, quand je cherchais quelque chose dans mon sac, le sommet de la bague se prenait dans ce que je touchais et sa pointe, basculant vers la peau à l'extrémité de ma phalange, me blessait. Cela faisait mal, un petit mal vif, instantané, aussitôt oublié. Je ne compris pas tout de suite d'où venait la piqûre, flamboyante de déni. Mais une nouvelle trace apparut, un minuscule poinçon rosé, puis, à mesure que le mouvement se répétait, une égratignure rouge sans cesse entretenue, une torture miniature. J'ai fini par ôter la bague, et je l'ai rangée avec tant de soin que je ne sais plus où elle est. Mais si j'observe mon doigt, aux deux tiers de la phalange proximale, je peux voir une infinitésimale moucheture, ocelle à peine plus sombre que le grain de la peau, et je sais que c'est là le reste d'une contrition saugrenue, élément sacrificiel de l'histoire, qui aujourd'hui ne m'arrache que des sourires.

Elle lit l'édition de poche du *Détail* de Daniel Arasse, jaune, posé sur son sac qui l'engloutit presque, ainsi que sa main, si bien que de l'amoncellement parfaitement géométrique, une série d'horizontales colorées, jaillit son doigt pavoisé d'un camée, profil de femme ivoire sur fond saumon, le détail du tableau, qui est son sujet, cette femme sans identité, dont on ne distingue que l'ombre chinoise blanche, comme inversée.

Elle lit *Le Livre du rire et de l'oubli* de Milan Kundera. C'est une berceuse. Tout en elle semble simple et doux, arcadien. Vêtue de coton et de lin, de gris et de beige, une baie de chair, et ses mains jointes. Elle s'est choisi un visage enfantin, un contour. La couverture blanche, et dessinée au trait noir, une tête de faune.

Il lit *La Dernière Fugitive* de Tracy Chevalier. Grâce à la couverture de ce livre, il a enfin un visage de femme.

Elle ne me regarde pas, elle lit. Elle lit *Adieu ma jolie* de Raymond Chandler. Elle ne me regarde pas, mais la brune fatale de la couverture, elle, me regarde. Elle me regarde de tous ses yeux mi-clos et de toutes ses lèvres ouvrées comme un délicat coffret de laque peinte. Il faut soutenir, interpréter ce regard. Mépris et détresse mêlés. Du rectangle de carton brillant, on dirait qu'elle implore qu'on la dé-livre.

Ses mains dorées aux ongles roses s'agrippent au *Vent d'est, vent d'ouest* de Pearl Buck. Elle, une adolescente occidentale de pays riche du XXIe siècle. Sweat informe dans lequel son corps ne se décide pas. Elle a essayé de coiffer ses cheveux, mais ni les mèches blondes dans le châtain naturel, ni les ongles vernis n'y font rien. Ce n'est toujours pas elle dans le miroir de la salle de bains. Elle, c'est un peu plus la jeune Chinoise aux cheveux courts, aux lèvres traditionnellement closes, au regard détourné et si triste, oui, si triste. Elle a des raisons, elle, la jeune Chinoise, au moins, mariée par des parents de la vieille Chine à un inconnu, chinois mais de retour d'Europe, à sa tristesse. Que faut-il qu'elle invente, elle, pour que ceux qui l'aiment voient un peu la sienne, la voient un peu comme *cela* ? Elle ne supporte plus la tyrannie de la joie.

Un autre regard de femme accuse entre les mains de cette autre femme, noire, des mains saisissantes, dont les phalanges sont charnues et toutes ridées. La lectrice a désormais ce visage-là, celui de l'insoumission digne, celui de la sentinelle intraitable, car ce visage, je ne le sais pas encore mais je chercherai très vite le nom de ce visage et désormais je le reconnaîtrai, ce visage est celui de Ayaan Hirsi Ali, femme politique et écrivain néerlandaise et somalienne, excisée et mariée de force, dont une loi contre l'excision porte le nom.

Sur les couvertures des livres de mes trajets, toujours les miroirs, je ne cherche pas seulement les mots d'ordre de ma liberté fragile, c'est un visage que je voudrais trouver. Un visage nouveau, un visage d'après *nous*. Dans les portraits qui ornent les livres, entre ces mains d'inconnus, j'aimerais me reconnaître.

Celle-ci est précisément en train de prendre une photographie. L'appareil cache une moitié de ses traits, l'autre moitié, c'est la main qui tient l'appareil qui le dissimule. Je prends la photographie. Le titre m'interpelle. Je déchiffre : *La Photo de trop*.

C'est l'hiver. Des gens lisent avec des gants. Comment peut-on lire avec des gants ? Comment tourner les pages ? Et pourtant.

*Adieu ma jolie* de Raymond Chandler, caressé par une peau retournée, ou son imitation, bordée de fourrure brune.

Un exemplaire du *Vicomte de Bragelonne* avec des gants verts, des gants couleur de sous-bois.

Ce jeune homme, pantalon militaire, une roue de vélo dans une main et dans l'autre, *Jours tranquilles à Clichy* de Henry Miller, une penseuse nue sauf un long collier sur la couverture. Ses mitaines rouges effilochées, assorties au macaron du Livre de poche et au nom de l'auteur.

Une autre liste, d'expressions françaises : « prendre des gants », « faire quelque chose avec des gants », « y aller avec des gants ». Elles signifient la précaution, le ménagement de l'autre, mais effacent la réciprocité du petit accessoire dont la fonction première est de protéger la main des agressions de l'hiver, des dangers d'une tâche laborieuse, de la brûlure d'un liquide ou de la morsure d'un outil, des épines, des échardes. Qu'est-ce qui protège qui ou quoi ? Dans certains métiers, les gants ne protègent pas les mains mais les objets manipulés, des objets fragiles, par exemple les incunables, les livres anciens. Qu'est-ce que lire « avec des gants » ? Lire du coin des yeux, en se tenant sur ses gardes ? Lire sans abîmer le livre ? Où est le danger ?

Gants de laine. Gants de cuir. Ballets aériens et médiévaux des grands fauconniers. Pouvoir. Défi du gant qu'on jette ou qu'on relève. Prestige. Élégance aristocratique, sans besoin même du cuir, distance condescendante lorsqu'il est presque un bijou privant autrui de la main, la soustrait aux regards et au toucher qui, peau contre peau, instantanément nous égalise. Refuge, toujours hypocrite, de la pudeur. Pouvoir féminin : se déganter devant un homme, signe d'acquiescement. Rita Hayworth dans *Gilda*. Gants en cuir noir des uniformes, idéologiques ou sexuels, sans comparaison aucune, peaux doubles de guerre et de torture des acronymes ss et sm.

Pourquoi les gants des lecteurs me procurent-ils un malaise ? C'est peut-être le mystère. Quelque chose est caché. Quelque chose est dérobé. Mais quoi ? Peut-être pas seulement la main, mais la lecture même, sa partie tactile et physique, visible. Ma gêne vient de cela, de la dérobade. Quelque chose est caché, mais ostensiblement. Le lecteur ganté montre son esquive. Ce qu'il refuse à celui qui le regarde, c'est son intimité avec le livre, cet échange peau à peau, l'osmose à nu.

L'homme tient un livre jaune dont au début je ne vois pas le titre, caché par sa grande main noire, son gant d'onyx. Voilà le mystère. Je goûte le contraste des couleurs, le tableau véritable. Je persévère. Lorsqu'il faut tourner la page, sa poigne se déplace, laisse entrevoir le petit emblème du masque à l'œil transpercé d'une plume. L'homme aux gants lit un roman policier. C'est *La Maison du péril* d'Agatha Christie. Tout d'un coup, tout est transfiguré. Tout d'un coup, le mystère s'éclaircit. L'homme n'est plus un lecteur ordinaire, il s'est changé en assassin, que le métro emporte vers son crime, et sous la couverture rigide de cette édition ancienne de la grande dame anglaise, dont la couleur gomme-gutte ravive nos lectures d'enfance tardive, premiers pas dans les bibliothèques parentales, premiers engloutissements divins d'après-midi éclairs et tendus, nul doute que l'homme aux gants emporté vers son crime cherche son inspiration.

Un autre lecteur ganté de cuir noir. Je dois me contenter de le regarder car il y a trop de voyageurs pour que je puisse le photographier depuis la travée où je me tiens debout. Toujours la même sorte de gants, épais et confortables, qui semblent être l'écrin d'une poigne. La manche du manteau de l'homme, noir lui aussi, recouvre la moitié de sa main, pas exactement une main, mais un poing serré, comme si l'homme était en route vers un défi, ou broyait dans le cuir sa détermination ou sa rage. À Réaumur-Sébastopol, l'habituel échange des passagers en correspondance, le ballet de ceux qui quittent la rame remplacés par ceux qui la rejoignent, libérant la place vis-à-vis de l'homme. Je suis maintenant assise en face de lui. Une bénédiction. Cela me met en joie. Je ne suis pas au bout de ma joie.

Sur la couverture, un incendie de teintes orange. Je reconnais la collection à son identité graphique singulière, le double cartouche blanc qui accueille titre et nom d'auteur, en capitales noires très espacées les unes des autres : RIVAGES NOIR. Je ne peux déchiffrer qu'une partie des lettres, masquées par la main gauche de l'homme. Dans le coin en bas à droite, la couverture cornée. C'est une énigme, un jeu du pendu interrompu juste avant la fin : OYOTTE/TTEND/ONY/LLERMA. Alors que j'essaie de deviner les caractères manquants, l'homme enlève ses gants. On dit que le cœur bondit. C'est vrai, le cœur bondit. Il y a des biches prêtes à s'élancer dans nos poitrines. Émotion intense, une jubilation toute pure. Les mains de l'homme que cachaient ses gants sont tatouées. Et tandis que le titre du livre et le nom de son auteur se dévoilent, c'est aussi un autre texte qui surgit, un texte de signes d'un noir bleuté, dont les éléments dialoguent avec des veines saillantes. Sur le dos de la main gauche, la seule qui me sera véritablement visible, nœud d'un serpent d'encre, queue dressée à une extrémité, gueule ouverte tout près de l'antre ouvert par la manche du manteau. Il darde une langue qui pourrait être une ombre. À sa droite, trois points alignés, et puis d'autres signes qui échappent au regard, engloutis. Sur les dômes à la jonction des métacarpes et des phalanges proximales, d'autres capitales : NON INULTUS PREMOR. « On ne me touche pas impunément », sens littéral arrangé en « qui s'y frotte s'y pique ». Même ainsi, la phrase reste une énigme. Je l'ai percée à présent.

Au faîte de sa main gauche, l'homme a tatoué la devise de la ville de Nancy. « Qui s'y frotte s'y pique » est une devise attribuée aux ducs d'Orléans et au roi Louis XII, par erreur. Elle s'accompagne de la figure du porc-épic qui permet de remonter jusqu'à la devise latine originale de l'ordre chevaleresque du même nom, *cominus et eminus*, « de près et de loin », en vertu de la légende prêtant à l'animal le don d'offenser en combat rapproché aussi bien que de blesser son ennemi en lançant ses piques à distance.

Je suis embarquée. Échos dans ma propre vie. Il y eut Nancy, la jeune fille de cette ville et portant ce prénom dont un amoureux me montra la photographie avec un air de regret, et je fus piquée de jalousie. Un cours d'histoire de l'art à la même époque, sur les places royales, les écrins des statues de monarques, dont la place Stanislas, à Nancy. La carte du Tendre de Mlle de Scudéry, parce que la main de l'homme m'en semble une version opposée, non celle du cur ou du cruel, mais celle de l'impitoyable. Que s'est-il passé dans sa vie ? Quelles épines pour qu'elles deviennent ornement, qu'il en trace le souvenir sur ses mains aussi pugnacement ? Parure, parade, armure. La langue bifide du serpent, le porc-épic, Nancy, dont l'emblème, qui trône sur le blason de la ville, est aussi le chardon.

Suivre la piste. Un ordre de chevaliers écossais, une autre devise latine, *non me impune lacessit*, « Nul ne me provoque impunément », une nuit d'invasion viking repoussée grâce à des milliers de petites épées végétales brandies par la lande dans le noir, et sur la phalange d'un index ce dessin qui me paraissait indéchiffrable et que maintenant je comprends. N'est-ce pas la tête couronnée d'épines de l'adventice fleur de soleil, chardon aux ânes, l'herbe de la sorcière ? À moins que ce ne soit une petite tête de mort surmontée de plumes ? Mais pourquoi à sa base, chardon ou crâne, cette espèce de double éclair qui se déploie comme un instrument miniature de géomètre ? Dard encore, du ciel, harpon de foudre, zigzag. Serpent, porc-épic, chardon, et sur la phalange voisine deux petites flèches tête-bêche, en travers. Enfin, sur celle de l'auriculaire les trois points stigmates alignés se répètent. De quoi toutes ces pointes doivent-elles protéger l'homme au Rivage noir ? Est-il né à Nancy ? A-t-il aimé, été aimé à Nancy ? Que s'est-il passé à Nancy ? Quel est le sens des trois points ? En prison, sur les mains des blousons noirs, dans la communauté hispanique, dans les gangs latinos, les trois points signifient « ma vida loca », une vie de désordres ; en France, « mort aux vaches » puis « mort aux condés », ou les trois points alchimiques de la franc-maçonnerie, ou encore la trinité catholique, mais ici et là, ils sont disposés en triangle, sur la main dans le delta du pouce et de l'index ou au coin de l'œil, et cette larme symbolique, c'est originellement le nombre d'hommes que vous avez tués. Très exceptionnellement, l'alignement.

J'ai peur un instant. Je n'ai pas peur de la prison, de la *vida loca*, mais je me demande si tout le sens finalement ne se dérobe pas et s'il ne faut pas voir, dans l'œuvre que ces mains portent, en suivant la devise de Nancy qui trône, son origine de bataille médiévale, la victoire du duc René, la mort du Téméraire, des signes condamnables, d'extrême droite, innommables. Mais si c'était le cas, point de serpent ni de porc-épic, des aigles seulement, flamboyants et allant par deux sur fond rouge et jaune, et un sanglier. Je me rassure, retourne à mes questions. Le lecteur aux mains écrites a-t-il connu la prison ? Quelle fut sa vie folle ? De quel passé a-t-il gravé ses mains pour ne pas l'expier, douloureux jusqu'à l'inscrire dans sa chair ? Pourquoi porte-t-il ces gants sous ces gants ? Nancy, le mal qui ne demeure pas impuni, en suspens. Une vengeance ?

Je consulte un tatoueur qui exerce près de chez moi. Il ne sait pas. Il me renvoie à la vie singulière de chacun, nos *vidas locas* à chacun. Pour lui, les trois points alignés sont des points de suspension.

Je le regarde, je le regarde, je le regarde encore. Pas au bout de la joie. Il tient son livre entre cet autre livre que sont ses mains. La droite a un geste de berceur, soutenant la tranche comme la nuque d'un nouveau-né. La gauche, dont une seule phalange est vierge, celle de l'annulaire, touche la première, sous le livre, une caresse imperceptible, clandestine. Un marque-page. Je n'en vois que le bord dentelé quand le second dévoilement a lieu. Une photographie. Peut-être l'homme a-t-il voulu revenir en arrière dans son livre, peut-être a-t-il au contraire anticipé la fin provisoire de sa lecture, peut-être tout simplement a-t-il désiré faire une pause ou contempler la photographie qui marque ses pages. Alors qu'il les tourne lentement, je peux entrevoir l'image. Sépia, crâne minuscule, poing minuscule brandi. L'homme la glisse à présent hors du livre. Entre ses doigts, le profil dormant d'un bébé, chevelu, bras levé, sur un coussin débordant de plis. Comme pour que je le voie mieux, que j'en aie le cœur aussi net que les yeux, l'homme tient un instant la photographie posée sur le livre ouvert. Elle aussi recèle un mystère. Elle a l'aspect d'une photographie ancienne, son sépia qui ne semble pas uniforme, ses bords dentelés comme dans les années cinquante, une rayure au-dessous du cou du bébé, là où son petit bras se replie éloquemment sur sa poitrine, laissant choir sa main, une autre dans le coin en haut à droite, qui témoigne d'une pliure, d'un vécu, comme le coin supérieur gauche tout émoussé. Pourtant, le nouveau-né, lui, n'a pas l'air si *ancien* : il porte ce que l'on nomme dans les années soixante quand elle apparaît en France une grenouillère, que mes parents appelaient pour moi et ma sœur un *babygro*, du nom de la marque qui lança le complexe petit vêtement de nuit aux multiples et pratiques ouvertures gardées par des boutons-pression, si bien que ce souvenir, ce n'est pas seulement un coup de main à prendre, une texture particulière, cette maille extensible qui grandit avec bébé et baptisa la marque, mais le clac clac répétitif des fermetures argentées et la sensation au bout des doigts du travail bien fait. Sur la grenouillère de la photographie, le babygro, peut-être tout simplement le pyjama actuel, le contour d'un animal sympathique, un lapin ou un chien, ou un lionceau, qui me semble plutôt faire naître l'enfant dans les années soixante-dix ou quatre-vingt. Il y a trois époques dans cette photographie, au moins, et peut-être d'autres encore que je suis incapable de voir. Je sais que l'on peut tout faire aujourd'hui, choisir la couleur surannée d'une photo, denteler son bord, la vieillir artificiellement. Reste le bébé. L'homme pose ses doigts très délicatement sur son petit corps emmailloté, ensommeillé. Le soin et son objet, quelle surprise : sous les gants noirs, les tatouages. Cette tendresse. La faille de cette vie folle ?

C'est la seule photographie de la petite fille, la sienne, la chair de sa chair, son sang et celui d'une femme qu'il a aimée vraiment, et elle, la toute petite, il ne l'a jamais vue. Si, à présent, il l'a vue, il va la regarder de loin, au fil des années, quand elle sort de l'école, du collège, du lycée. Il respecte ce que dit sa mère, qu'elle n'est pas prête et qu'elle ne veut pas comme père pour sa fille un ancien détenu. Il comprend. Il n'a rien accepté mais cela, il l'accepte. Il ne veut plus rien bouleverser. Il ne se sépare jamais de cette photographie. C'est pour cela qu'il l'emporte de livre en livre, puisqu'il lit tout le temps. Les livres ne le quittent pas et comme cela, la photographie non plus. Il devrait la mettre dans son portefeuille, comme le ferait un père ordinaire, sauf qu'il n'en a pas. Il ne se déplace jamais avec ses papiers d'identité, c'est un principe. Quelques billets dans la poche, c'est léger. Il ne veut pas que la photographie de son petit garçon mort s'abîme davantage. Ils ont assez souffert comme cela. Dans les livres, ils ne risquent rien. Lui et lui. Entre les pages c'est aussi sûr que les sarcophages, et les livres sont de grands mastabas. La photographie ne peut pas glisser, il ne la perdra jamais, c'est tout simplement impossible. Il veille. Il ne sait plus qui veille sur qui depuis toutes ces années.

Ils veillent. C'est le rôle attendu des parents, veiller sur les enfants. Mais personne ne dit que le contraire est vrai aussi, indéniable. Sans attendre la vieillesse. Quand on devient vieux, cela semble redevenir normal. Mais c'est depuis toujours. Les enfants veillent sur leurs parents, petites sentinelles. Il se souvient quand il a pris et révélé cette photographie à la lumière du jour près de la fenêtre de la cuisine, vue bleue sur la mer, le virage sépia, il n'y avait pas encore les techniques magiques d'aujourd'hui. Thiourée et hydroxyde de sodium. Puis les ciseaux cranteurs de couturière. Qu'espérait-il ? Il le sait, il le sait très bien. Il voulait que la photographie de son fils nouveau-né puisse être confondue dans son esprit avec une photographie ancienne de son père, le faire revivre, recommencer à zéro. Avec lui qui devenait père et avec le petit garçon qui portait son prénom. Ce n'était pas très sain tout cela. Ça n'a pas mal réussi. Cette année, son fils a l'âge de son père à sa disparition, comme lui un jour a eu cet âge, est passé par cet âge, est devenu plus vieux que son père ne le serait jamais, est devenu le grand frère de son père, puis le père de son père, comme un jour il sera par l'âge le grand-père de son père. Il y avait tout cela dans le désir de cette photographie. Tout cela.

Ce n'est pas un incendie sur la couverture du livre. C'est un immense rocher ocre américain. Une piste à remonter, comme celle des ornements des mains. Dans *Coyote attend*, Tony Hillerman raconte l'enquête menée par les policiers Navajo Joe Leaphorn et Jim Chee, personnages récurrents de son œuvre, sur le meurtre de l'un des leurs. Les indices semblent accuser absurdement le vieux chaman Ashie Pinto. Navajo : le nom de ce peuple amérindien de l'Arizona et du Nouveau-Mexique rebondit sur une des phalanges de l'homme aux mains écrites, les deux petites flèches dont les extrémités semblent bien être à présent celles de flèches indiennes, l'une allant dans un sens, l'autre dans l'autre. Le coyote est une figure essentielle de la mythologie Navajo dont le centre, comme celui du monde est l'harmonie, *hozho*. Coyote est le bien et le mal, les hommes et les dieux, figure de l'ambivalence des êtres, qui vont en même temps dans un sens et dans l'autre. Le serpent a peut-être aussi son rôle à jouer dans la grande partition de l'ambiguïté. Symbole de fertilité, il aurait aussi, parce qu'il était nu, c'est-à-dire sans poils ni plumes, pris toute la magie du monde dans sa bouche, et c'est pourquoi sa morsure serait devenue mortelle.

Tout cela mène à une conclusion ordinaire. J'ai posé mon regard sur la lecture de cet homme et sur ses mains. D'une certaine manière, je leur ai accordé mon attention. Il en est découlé un peu plus de connaissance, au sens du savoir livresque, mais au sens aussi de la connaissance intime que j'ai eue de cet homme, même à peine. Il ne faut pas fuir toujours les idées ordinaires. Être ce qu'on lit. Ce n'est pas que nous choisissons nos lectures parce qu'elles nous ressemblent, mais nous nous incorporons ce que nous lisons. Cela ne change pas seulement notre façon de voir et de penser, c'est beaucoup plus physique et organique. Une modification de toute notre identité. Le tatouage est une bonne comparaison, c'est littéralement qu'il s'incorpore. Nous lisons : milliers de tatouages invisibles.

Au-delà de la conclusion ordinaire, les mains de cet homme, les images volées des mains de cet homme, m'ont conduite à d'autres images. Il a été le creuset de choses humaines dont la rencontre, hors de lui, était hautement improbable. Ces images, ce sont des enluminures gothiques et des blasons, et de grands paysages blancs, ceux de la bataille de Nancy en 1476, qui opposa le duc de Bourgogne Charles le Téméraire à René II duc de Lorraine, ceux de la défaite du Téméraire et de son corps retrouvé le 7 janvier 1477, surlendemain de sa mort, à moitié dévoré par les loups, dans la neige. Ces images, surimprimées aux premières, ce sont celles de coiffes Navajo, vagues de plumes d'oie, de queues de lapins et de crins de chevaux, celles d'un autre corps, abandonné au désert rouge, au serpent à sonnette et au coyote qui incarne le destin, auxquelles se mêle, peut-être à cause de la couleur sépia qui évoque dans mon imaginaire un Ouest poussiéreux de western, la photographie d'un nouveau-né dont nous ne savons rien. La naissance et la mort, et, entre les deux tout ce qui nous appartient.

Je pense que nous prenons conscience du monde à travers les livres. Je parle des tout premiers commencements, je parle de l'enfance. Nous percevons le monde directement, mais la conscience que nous avons de cette perception demande une distance, qui est d'abord faite de la présence de ceux qui nous font naître, l'écran de leur être, de leur soin, de leur voix, du langage, obstacle et protection, et très vite, pour ceux qui ont cette chance, les livres. Puis la distance du temps, la mémoire, cette forme de conscience rétrospective qui, comme les livres, est à la fois et sans contradiction plus acérée et plus légère, plus vraie et plus fausse, que la conscience

La petite camarade de classe du premier cours moyen dont je me souviens ici n'a donc jamais été jusqu'à présent perceptible pour moi que par l'intermédiaire d'un livre. C'est lui qui cristallise, comme en un processus de concrétion en apparence aléatoire, de dépôt patient, et pourtant instantané, car la danse de ses éléments vers l'unité semble un phénomène magique exécuté en quelques secondes seulement, toutes les bribes de souvenirs que j'ai d'elle. Elle s'appelait, et s'appelle toujours et pour toujours, Laurence Martin. Elle était rousse, fine et vive, pleine d'une énergie sèche, d'une rudesse paradoxalement chaude, les cheveux très courts, audace garçonne et émancipée qui couronnait toute cette concision que je trouvais aussi dans sa manière de parler, qui me semble aujourd'hui hautaine et autoritaire, péremptoire mais de neuf ans d'âge, et qui ne pouvait pas recevoir, faute d'expériences comparatives des nuances psychologiques et des mots pour les dire, lorsque je la regardais enfant, cette analyse. Ainsi faisait-elle naître seulement un peu de crainte, que vainquait l'envie, celle de contempler et de posséder des attributs dont je n'avais pas été dotée, ses taches de rousseur et son aplomb, parce que j'étais brune et sombre, et que mon énergie à moi, je la ressentais, et je crois que je n'étais pas la seule, comme une force généreuse mais écrasante, une brutalité sans sophistication, tout sauf un pointillisme ou une hauteur précise et détachée. Laurence Martin était aussi impressionnante parce que, sur le fond d'innocence qui caractérisait cette époque de cour de récréation, concentré de l'esprit décisif qui émanait d'elle, elle avait une passion, cette autre chose que je n'avais tellement pas que je ne comprenais pas ce dont il pouvait s'agir. Elle aimait l'histoire. Mais elle ne l'aimait pas comme une matière scolaire, elle l'aimait gratuitement, librement, comme quelque chose qu'elle avait choisi et qui n'appartenait qu'à elle.

Elle me faisait face dans le quadrille de bureaux d'écoliers selon lequel l'institutrice avait organisé la classe. Un jour, à la jonction de sa table et de la mienne, j'ai vu sa main posée sur un livre qu'elle avait apporté. J'en ai déchiffré le titre à l'envers : *Chroniques du règne de Charles IX*. Je ne me suis pas préoccupée du nom de l'auteur, je ne le connaissais pas encore, et le titre me suffisait : c'était un livre d'histoire. J'ai désiré ce livre. Je l'ai désiré non parce que ce qu'il contenait aurait satisfait une quelconque soif de connaissance, ni même parce que je pressentais un plaisir de lecture, je l'ai désiré seulement parce qu'il était le sien. Un jour, bien des années plus tard, mon avidité me serait expliquée par le livre de René Girard et trouverait un nom : désir mimétique. Mais aujourd'hui, il est encore plus que ce jeu triangulaire.

Je ne pouvais pas avoir les taches de rousseur, la petite assurance admirable, mais je pouvais avoir le livre, et peut-être, par lui, ouvrir la porte de l'histoire, ou d'une quelconque passion qui me rendrait unique. J'ai demandé ce livre à mes parents. Je ne me souviens d'aucune scène d'achat de livre dans mon enfance, seulement de celle-là. Mon père m'a amenée à la librairie Georges, qui était en face du lycée où il enseignait et celle où nous allions toujours, et il m'a acheté le livre.

Il est toujours chez mes parents, dans le grenier. Je ne l'ai jamais lu. J'ai dû l'ouvrir, en flairer le texte, c'est tout. À ce titre, c'est le premier livre que j'ai possédé en propre sans jamais le lire, le premier qui déploya pour moi ses vertus de livre sans le secours de son texte, car, sans être lu, il n'en était pas moins un objet magique.

Mon esprit rebondit d'un Charles à un autre. De Charles le Téméraire à Charles IX, d'un corps ensanglanté sur la neige aux images tout aussi sanglantes, rouges et blanches, de la mort que Patrice Chéreau donne à ce Charles d'un siècle plus tard dans son adaptation du roman d'Alexandre Dumas, *La Reine Margot*. Mon esprit rebondit d'un peuple à un autre, sur les doigts tatoués d'un inconnu dans le métro, des Navajo aux tribus anthropophages étudiées par la tradition séculaire de l'ethnologie, Iroquois, Tupi, Guarani…

Nous nous incorporons ce que nous lisons. Chaque livre lu, ou simplement possédé ou même désiré, adoré ou rejeté, se fond en nous comme une molécule nouvelle de notre corps. Et lorsque j'entrai à neuf ans en possession des *Chroniques du temps de Charles IX* simplement parce que la main de Laurence Martin avait été dotée un instant symboliquement à mes yeux de ce prolongement magnifique, cette excroissance de puissance supplémentaire où fusionnaient toutes les marques, sans doute imaginaires, de sa supériorité, qui faisait d'elle, sans que j'en fusse consciente, une rivale, je ne fus pas autre chose qu'une enfant cannibale.

On le dit dans les mots d'amour. Je veux te manger tout entier, tout entière. Je voudrais te prendre, t'absorber dans ma chair. On le fait. Et aussi dévorer la peau des bébés. Qui n'a jamais par jeu fait disparaître pour de faux dans sa bouche un pied, une main, un morceau de joue, un nez ? Mais le cannibalisme n'est pas seulement la tentation suprême de l'amour, et pas seulement une métaphore.

Dans son livre *Métaphysiques cannibales*, Viveiros de Castro reprend les analyses de Philippe Descola qui, faisant voler en éclats la vieille et nocive opposition entre nature et culture, définit quatre « ontologies » ou « modes d'identification », manières de penser les frontières entre soi et autrui, l'humain et le non-humain, selon la combinaison de deux critères, extériorité et intériorité, identité et différence : le naturalisme (la vieille et nocive opposition), l'animisme, le totémisme et l'analogisme. Au cœur de l'animisme naît le « perspectivisme » de Viveiros de Castro : si les non-humains, différents des humains par leurs corps, ont une intériorité identique à la leur, ils possèdent aussi un point de vue, dont la traduction en quelque sorte est l'enveloppe corporelle sous laquelle se cache l'intériorité. Dans ce contexte, Viveiros érige le cannibalisme en modèle, celui de l'identification de l'autre, l'ennemi, à un allié et de la constitution de l'identité subjective par l'absorption de son point de vue, dont le chamanisme, expérimentation du partage et de l'appropriation de points de vue, est une autre modalité.

Nous connaissons cela, nous qui dévorons les livres. Mais nous le connaissons aussi parce que nous dévorons tour à tour les mêmes livres. C'est ce que je voulais lorsque je demandai à mes parents d'entrer en possession des histoires de Prosper Mérimée. Je ne voulais pas vraiment les cheveux roux et courts de Laurence Martin, le fauve effronté de son visage ni même son assurance un peu détachée et déplacée, mais sa manière de regarder le monde à travers ce qu'elle aimait, à travers le prisme d'un livre. Je ne voulais pas être elle ni même comme elle, je voulais avoir son regard, et son regard surtout lorsqu'elle le posait sur moi. Comment me voyait-elle, elle ? Qui étais-je dans les yeux de la petite fille assurée ? Me trouvait-elle brutale et sombre ? Lui faisais-je impression ? Qui étais-je dans son regard à elle que je pourrais être pour moi ?

Pourquoi alors n'ai-je pas lu le livre ? Parce qu'il m'a sans doute suffi à cette époque de savoir que ce point de vue existait, et de le tenir disponible. Il l'est depuis ce temps-là. J'ai emprunté bien d'autres points de vue pour me construire. Ou peut-être parce que, ayant entrouvert le livre, en ayant parcouru les premières pages, je n'ai pas aimé ce que j'ai aperçu et j'ai finalement refusé de me voir *comme cela*.

Il n'y avait pas beaucoup de monde dans la rame. Le métro se déterra d'un coup, il franchit la Seine. Au-dessus de la verdeur douce j'ai pris les photographies de cet homme seul. Assis sur un strapontin près de la fenêtre, dans le sens inverse de celui de la marche, il rentrait en lui-même.

Personne sans doute ne lit physiquement de la même manière qu'un autre. Nous donnons à notre corps des attitudes qui parlent de nous, de nos habitudes, de nos déterminismes sociaux bien sûr, mais aussi de notre confort intime. Ces positions dans lesquelles notre corps aime se retrouver, notre corps et pas celui d'un autre, dans lesquelles il se sent bien et se découvre lui-même.

Les femmes et les hommes lisent différemment. Beaucoup d'hommes lisent comme les femmes, mais il y a une attitude, un corps lecteur, propre aux hommes, à certains hommes, sans que leur appartenance sociale fasse frontière, mais plutôt leur âge. Ni de très jeunes hommes qui n'ont pas l'assurance, ni des hommes d'âge mûr. Des hommes qui commencent seulement un peu à avoir vécu, à prendre conscience de nos destins de roseaux.

Il porte un jean et un blouson, de toile aussi, mais gris, et, entre son flanc et son bras gauche, dans le creux de son coude, il serre une petite bouteille d'eau minérale. Je vois seulement dépasser son goulot transparent et son bouchon blanc. Ce n'est pas sans importance. La transparence, l'éclat brillant de l'eau, la touche de nacre prise dans la rudesse de l'homme, c'est un tableau. Chaque détail y compte pour composer l'ensemble, l'impression qu'il dégage, ici, dans ces détails accordés à l'attitude générale, la manière dont l'homme se tient, son corps lecteur, le petit éclat de nacre du bouchon et l'agitation de l'eau transparente dans la bouteille transparente, celle d'une vulnérabilité.

Il se tient les jambes écartées, dans cette posture que l'on nomme *manspreading*. Le terme a fait son apparition il y a quelques années dans le métro de New York. Il est entré depuis dans les dictionnaires de langue anglaise. La posture qu'il dénonce comme « incivilité sexiste » a fait l'objet d'une proposition de loi lancée par le parti Podemos en Espagne et un nouveau pictogramme est venu mettre en garde aussitôt contre cet étalement masculin dans les autobus de Madrid. En France, seulement des articles de journaux. Les commentaires vont bon train, l'ironie. Arme de séduction. Ostentation des attributs du pouvoir. Confort morphologique. Je m'étonne cependant que personne ne dise qu'il s'agit simplement de ce que les femmes ne peuvent pas faire, parce que tout le monde s'entend, lorsqu'il est question d'une femme, sur le sens sexuel sans fard de l'expression « écarter les jambes ».

L'homme que je prends en photographie ce matin-là ne gêne personne. Il n'est dans aucune séduction. Il ne domine rien, il ne cherche aucune emprise. Il est si loin du pouvoir. Ses jambes occupent peut-être plus d'espace que celui auquel elles ont théoriquement droit, mais la rame est si vide, nous sommes si seuls, que cet espace n'est pas volé. L'homme n'affiche pas cette attitude triomphale du mâle fier dressé, faisant parade, le buste droit, bassin proéminent, souvent bras croisés sur sa satisfaction pectorale, de ses offrandes génitales. Rien de tout cela. Son buste est penché en avant, il s'appuie sur ses avant-bras qui reposent sur ses cuisses et entre ses mains qui semblent abandonnées, humbles entre ses genoux, il tient un livre. Il rentre en lui-même. Je dis « il tient un livre » et non pas « il lit un livre » car tout le temps de notre trajet commun, il ne lit pas toujours. À un moment donné, le livre est ouvert devant lui, mais à son inclinaison, son abandon, sa lassitude, je vois bien qu'il est impossible que l'homme le lise.

Ces hommes au corps lecteur proprement masculin. Un poids à porter sur leurs épaules, ce poids qui fait basculer une posture machiste vers la modestie et l'abnégation, la fatigue acceptée et la patience, le fatalisme, cette espèce immobile et tempérée du courage. Des hommes capables d'oublier d'être des mâles pour être des hommes. Des hommes capables de se confier à un livre. À quelque chose près, c'est la posture du *Penseur* de Rodin, c'est la figure de la pensée, non pas d'une pensée qui s'élabore, qui s'ébrouera en action confiante, mais d'une pensée qui creusera toujours plus profond sa fosse tragique, scrutera vaillamment le gouffre.

La couverture de son livre se dérobe entre ses mains. Je prends plusieurs photographies. Autant que nécessaire. Je veux savoir. Je guette. Je le photographie jusqu'à savoir. Lorsque la couverture apparaît enfin entre ses mains, je suis si avide d'elle que le flou efface, complètement, comme la pluie, le nom de l'auteur et le titre. Il n'en reste qu'une traînée rouge au-dessous d'une traînée noire sur le fond blanc. Je n'ai pas d'autres solutions que de me rapprocher de lui. Je me tiens derrière lui, je photographie ses mains comme si je lisais par-dessus son épaule. Dans la marge supérieure de la page de droite :

*Le Grand Dessein*. Les noms de Schellenberg et Kersten, et celui de Himmler.

Ces indices pourraient suffire. Je pourrais grâce à eux sans difficulté remonter la piste, découvrir que le livre entre les mains de l'homme est la biographie romancée que Joseph Kessel consacra à Felix Kersten, docteur finlandais qui pendant la Seconde Guerre mondiale aurait sauvé des milliers de vies en acceptant de soigner Himmler, en lui devenant indispensable, seul capable de soulager ses douleurs. Kersten était masseur. Ironie brillante de l'histoire : que la caresse qui reste caresse, si médicale et robuste fût-elle, le contact humain, sa chaleur, nudité, peau contre peau, ait eu ce pouvoir au cœur de la violence, de fléchir le monstre et d'éloigner la mort.

Mais dans le métro ce matin-là, je m'entête si bien que je finis par prendre la photographie qui me révèle le titre du livre. Quand je le découvre, il éclipse tout. Peu importe Joseph Kessel, peu importe Kersten et Himmler. Joie aiguë et insolente, de ces jubilations que l'on ressent à la certitude qu'on avait raison alors que tout affirmait qu'on avait tort.

Le livre entre les mains de l'homme s'appelle *Les Mains du miracle*.

Les mains de l'homme pensant et touchant, les mains du lecteur de Joseph Kessel ne sont qu'à moitié visibles. Ses poignets, ses poignets que j'aurais aimé connaître, non pas seulement apercevoir mais connaître, sont cachés dans les manches de son blouson. Comme ses ongles sont beaux, taillés court, mais aucun signe d'angoisse ni de dévoration. Sur celui de son pouce, à côté du nom Kersten, la lunule est parfaite, à peine rosée, comme l'horizon d'une planète viable. De belles mains, des mains moyennes, ni aux doigts trop longs, filandreux, ni empâtées, claires, immaculées, trapues et pourtant anguleuses lorsqu'il tient le volume dans une seule d'entre elles, écartant les doigts comme des serres et que les veines sourdent sur ses osselets, phalanges érectiles. Ce ne sont pas des poignes et pourtant, poignantes, et plus je les regarde, alors que cela n'arrivera jamais, plus je voudrais que ma nuque soit le livre, et les doigts de l'homme, au lieu de ses pages, feuilletteraient mes cheveux.

Entre *le père de mes enfants* et moi, il me semble que c'est moi qui caressais. Mes mains et surtout mes doigts avaient un terrain de jeu, son dos, son dos velu et large, la plaine de son dos, qu'il me présentait lorsque nous étions dans notre lit, au cœur du couple, avant, après l'amour, sans cesse, toujours. Tout est ambigu. Il me tournait le dos. Mais il était alors un être à ma merci, presque suppliant, réclamant que cela ne cesse pas, lorsque je faisais courir le bout de mes doigts, comme de petits animaux sagaces, dociles, entreprenants, sur sa chair, sur les plateaux saillants de ses omoplates, lorsque j'effleurais, que mes doigts intelligents calculaient l'exacte distance à observer entre leur pulpe et sa peau, dosant la pression, la vitesse, ajustant le mouvement afin que ces éléments soient à la fois réguliers et variés, lorsque j'acérais aussi, doucement, mes phalanges pour scarifier un peu, gratter, griffer, faire semblant d'excorier, temps des tigreries, des labours, et cela sans que j'y songeasse le moins du monde, me perdant, tandis que mes doigts œuvraient, dessinaient, contents seuls de leurs arabesques, dans ce tournoiement tactile, m'enfuyant aussi déjà en glissade sur les volutes, l'effleurement suggérant la légèreté, la légèreté suggérant l'envol, l'envol rappelant l'accroc qui l'empêche, tous ces poils faisant forêt sur la peau douce, imposant leur propre texture, une tout autre douceur, et scandant de noir l'imaginaire de dunes et de poudre, de moelleux et de suave, de calme et de clémence que mes doigts exsudaient dans leurs frôlements. Mais il me tournait le dos, et à ce dos je faisais face.

C'était moi qui caressais, et pourtant, un des premiers présents que me fit *le père de mes enfants*, fut la reproduction d'une de ses mains, prosaïquement couchée sur la vitre d'une photocopieuse, la xérographie de sa main, qui me fut offerte dans la magie de l'électrostatique et d'un roulement de tambour, comme si par notre rencontre quelque chose devait être conduit de l'obscurité à la lumière. L'image était étrange, entre la photographie sépia et la radio d'un membre blessé, fantomatique, sa main tendue, inerte, paume ouverte et comme point d'achoppement de toute la vulnérabilité d'un être, raccourci de la vie et de la mort.

Lorsque nous nous séparions, je ne regrettais pas son dos infiniment caressé, ni ses mains. Ce dont j'inventais à l'avance le regret, et avec sa projection, l'impossibilité de m'en passer, dont la seule idée suscita parfois en moi angoisse et panique, ce à quoi et par quoi je m'accrochais à contre-courant de ma volonté et des autres élans de mon corps, c'était l'entremêlement de nos jambes sous les couvertures, ma jambe gauche le long de sa jambe droite sous ma jambe droite et sa jambe gauche comme un dernier entrelacs pour finir la maille, notre nœud fatal, notre nœud gordien, notre immobilité. Ce que je ne voulais pas perdre, c'était cela, l'immobilité, l'entrave, le lien, dont la polysémie toujours nous vainc, attachement et chaîne. Et si c'était cela que j'avais si peur de perdre, c'était parce que c'était cette libération que je désirais le plus.

# LE DÉSIR

Mois après mois, mes photographies finissent par former des familles. Il y a celle de tous ceux que, grands ouverts, la versatilité de la technique photographique, le contre-jour, le jeu des lumières et des ombres, des reflets, transmuent en phosphorescence vives, comme des blessures blanchoyantes, entailles fantastiques d'un autre monde. Vient les rejoindre celle des livres refusés, ces livres que leurs lecteurs couvrent de papier et dont la couverture originelle cachée est, quelle que soit la couleur de son enveloppe, une page blanche, un mur de silence. Leur identité reste mystérieuse à jamais.

Si les premiers me fascinent, les seconds me procurent un léger malaise, le même que celui que je ressens en présence des lecteurs gantés. Une petite rancœur. Cette fois, ce que me dérobent ces lecteurs en couvrant leurs livres, c'est exactement ce que je voudrais leur voler. Je les vole quand même. Les questions qu'ils m'inspirent sont mon butin. Pourquoi couvrir ses livres ? Est-ce seulement les couvrir ou véritablement les cacher ? Soustraction de la vie privée ? Méticulosité ? Pudeur ?

Sur la ligne 2 et bleue qui encercle Paris par le nord, à la station Barbès ou La Chapelle, grouillante, saturée par l'agitation du soir, quelques semaines après les attentats de *Charlie Hebdo* et la parution du livre le même jour, je photographie une jeune femme lisant *Soumission* de Michel Houellebecq. La jeune femme est blonde. Sa blondeur me frappe par préjugé. Ce que la jeune femme dégage me semble se condenser dans cette blondeur de cheveux fins, une espèce d'assurance bourgeoise suffisamment arrogante pour se colleter aux aspérités de l'indépendance et de la différence. Dans sa lecture, dans l'aisance nonchalante et décomplexée de son corps lecteur, une forme de spectacle, à l'orée de l'ostentation, presque une provocation. Fantasme sans doute. Je ne peux m'empêcher de ressentir pour elle de l'admiration et de lui attribuer un certain courage.

Ailleurs, après. Je photographie une jeune femme portant un voile noir dont les pans sont attachés par une épingle jolie et soignée. Ce n'est pas tout à fait exact. Il faut être exact. Je ne photographie que sa lecture, ce à quoi j'ai délimité la lecture, ses signes, son cortège, dont je me contente, puisque je ne veux pas voler jusqu'aux personnes et aux visages. Je photographie le livre de cette jeune femme, et sa main gauche. Sa main droite est cachée, qui soutient le volume de grand format sur son sac, lui-même posé sur ses genoux. Ce n'est que lorsque je regarde à qui appartiennent ces mains et cette lecture que je vois une jeune femme vêtue d'un sobre manteau gris clair, portant des lunettes aux montures sombres, sanctifiant son sérieux. Elle est voilée soigneusement (cette épingle si délicate), de noir. Le livre entre ses mains est un livre de médecine. Un fragment d'illustration sous sa paume, couleur chair. Un ouvrage en tout cas relatif au corps. L'œil de mon appareil, plus performant que le mien, perçoit, tout près de l'auriculaire, échappant au masque de cette partie de la main que la chiromancie appelle mont de Mars, un mot que je peux ensuite déchiffrer : *libération*. Goûter l'ironie. Je ne peux pas m'empêcher, à partir de cette vision extérieure et globale, même sachant combien les signes peuvent être trompeurs, d'y voir une contradiction. Glanure d'autres mots : *sanguin, déclencheur, écoulements*, le nom d'une hormone, son suffixe reconnaissable. Le livre de médecine, le souci du corps, la soif de connaître, l'érudition, l'alliance, le voile. Il n'y a là peut-être aucune contradiction, aucune ironie tragique à l'œuvre, ce jeu des signes à l'insu d'une conscience, pas de contradictions plus flagrantes que les miennes, que celles de tout un chacun. Ou au contraire une orchestration subtile des contradictions, et la jeune femme au voile noir bûchant son livre de médecine serait dans la même ostentation que la lectrice blonde de *Soumission*. Toutes les deux montrent ce qu'elles lisent.

Certains couvrent peut-être leurs livres comme certaines couvrent leurs cheveux. À chacun le lieu de sa pudeur. Couvrir ses livres non pour les protéger des altérations du voyage, mais pour se protéger soi, protéger son intimité, nom déjà posé comme un voile sur ce qu'il est de plus intérieur, les goûts, l'identité profonde dont les lectures, si elles se dévoilaient, donneraient aux autres un aperçu intolérable, en affichant, même muette, cette activité absolument intime, comme le sexe, qu'est la lecture.

La question que j'inscris dans la barre de recherche du navigateur est mal comprise. Où lit-on le plus ? L'aleph me répond : en Inde, en Thaïlande, en Chine. Je reformule. Où lisez-vous ? Des magazines posent régulièrement la question et j'aime beaucoup le nom de ce site d'échanges, *Le coussin du chat*, qui donne les mêmes réponses que les grands tirages. Le lieu de la plus grande intimité – du sommeil, du repos, du sexe, de l'amour – et celui de la plus grande promiscuité subie, de la plus collective et la plus sociale des expériences, le trajet quotidien, professionnel, le chemin du travail. Le lit et les transports en commun. *Le coussin du chat*, dans une espièglerie innocente, rapporte aussi tous les inconvénients conjugaux de la lecture cubiculaire, cette lecture alanguie que seuls peuvent savourer pleinement les célibataires, puisque la lumière qui lui est nécessaire, disent les cancans, gêne les guetteurs d'endormissement, et que les livres nourrissent parfois jalousies, divergences de désir, culpabilités afférentes, tant ils sont de très bons amants.

Le lieu de la pudeur. Je me souviens de l'adolescente débutante qui portait un pull à la plage de juillet, le petit pull marine de la chanson d'Adjani et Gainsbourg. Un large décolleté en v mais des manches longues. À la plage les bras couverts. La sensation de nudité sous la laine. Sentir dégouliner les gouttes de sueur sur mes flancs, exactement comme des larmes sur les joues. Je me souviens aussi que le petit pull marine avait appartenu à ma mère, que d'une certaine manière, en refusant de me dénuder, en ne voulant pas sortir de lui sur la plage, je refusais de quitter l'enveloppe de ma mère. Suis-je en train de projeter sur cet âge les complexes de mes petits bras musclés et ronds d'adulte ? Ce sont mes bras que dans le souvenir, je rechignais à montrer. Pourquoi les bras ? Les bras qui embrassent ? Les biceps des bras de fer ? Ce bout de corps par où et par jeu se mesuraient les garçons entre eux, les filles aux garçons, les garçons aux filles ? Je ne sais pas, vraiment, mais je comprends très intimement cette idée d'un lieu personnel de la pudeur. Pourquoi pas les cheveux, si moi jeune fille je ne me souciais guère du regard des autres mais n'aimais pas pour moi-même la sensation de nudité de mes bras, comme si mes bras nus avaient une propension singulière à être pour moi plus nus que tout le reste de mon corps, comme si ma nudité n'avait jamais commencé que par mes bras ?

Parce que ma bizarrerie adolescente estivale et les fondements religieux et civilisationnels du port féminin du voile, ce n'est pas la même chose.

On ne sait plus ce qu'est la pudeur. La pudeur, je veux dire la mienne, on l'a perdue dans son dévoiement moderne, sa spécialisation sexuelle, alors que quand sur la plage je ne montrais pas mes bras, c'était bien la pudeur classique que j'éprouvais, la petite *pudor* défunte, ce sentiment de honte, de réserve, de retenue, de délicatesse, de timidité, dit le *Gaffiot* des lointaines versions latines, non que sous le soleil encore en sursis des années quatre-vingt je craignisse d'exciter des désirs déplacés de mâles, puisque j'ignorais beaucoup, presque tout, du désir, mais bien que j'avais vergogne de mes bras trop courts, potelés, que j'avais décrété n'être pas à la hauteur.

On me raconte que certains hommes refusent pour les saluer de serrer la main des femmes, et que certaines ne s'en offusquent pas. Je réserve des billets de train de nuit, on me demande si je voyage seulement avec des femmes, seulement avec des hommes, ou avec des femmes et des hommes. Je me souviens des vestiaires des garçons et des vestiaires des filles au collège, et qu'ils étaient l'antichambre des cours de sport sexués, parce que le sport, un peu plus que les mathématiques ou la géographie, c'est le corps. Je repense à la polémique sur la non-mixité des piscines, aux jours pour les hommes et aux jours pour les femmes des hammams. Je me rappelle cette histoire datant du plus jeune âge de mes enfants, qui n'est pas la mienne mais qui aurait pu l'être. Une recherche d'assistante maternelle. Un échange enthousiasmant au téléphone. Rendez-vous pris. Le désarroi quand on ouvre la porte à la jeune femme. Elle porte le voile. Des principes. Mademoiselle, on est vraiment désolé, cela ne va pas être possible. Elle argumente, croit rassurer : mais ne vous inquiétez pas, je ne le porterai que lorsque votre mari sera là.

Comme si les femmes n'avaient pas, elles, droit au désir. Comme si une femme ne pouvait pas désirer une femme, comme un homme désire une femme, comme un homme désire un homme. Comme si une femme ne pouvait pas désirer.

Amplifier le désir de l'autre pour couvrir son propre désir. Marianne, dans le roman de

Marivaux, qui fait tant de manières à montrer son entorse au médecin et bout de plaisir parce qu'elle dévoile en même temps à son amoureux son pied interdit. Les lunettes noires des *Fragments d'un discours amoureux* de Roland Barthes, qui montrent en cachant, mieux même qu'en montrant simplement. Quel signe percevaient de mes bras laineux mes compagnons de plage ? Sans doute pas ma honte mais la privation infligée d'un objet désirable parce que dérobé.

Quand je croise un lecteur qui couvre ses livres, je veux maintenant que ce soit pour dissimuler leur identité. Je ne suis pas dupe. Je désire que quelque chose soit caché, pour le désir de découvrir la chose cachée, pour le désir.

Rien ne me révolte plus à présent que le reniement du désir. Cette violence lorsqu'on veut le faire taire ou au contraire l'exciter, alors qu'il est là, qu'il nous compose, et c'est tout.

Comme *le père de mes enfants* et moi nous nous séparons, je me sens libre et tout d'un coup plus libre que durant toutes ces années. Je retrouve le désir, le mien et celui des autres, mais le mien surtout, qui force comme la tête d'un petit chien contre les barreaux d'une cage, avide de forêt et de chasse. Je ne peux pas m'empêcher dès que je sors de chez moi, marchant dans la rue, d'imaginer les vagues énormes de désirs que déplacent avec eux les êtres humains. Les gens deviennent dans mon regard, dans l'orbe de mon désir à moi, des particules de désir en mouvement, des invitations à vivre, des possibles. Même harassés, préoccupés, laids, seuls de la plus misérable solitude, je leur octroie un effluve essentiel et primitif de désir. Je veille à demeurer dupe de cette illusion, si c'en est une. La ville est pour moi devenue merveilleuse, vibrionnante, d'une manière parfaitement nouvelle, toute gonflée et tendue de ces sillages.

Les gens. Cueillir les mots à la racine. J'aime très tôt celui-ci : *gens*. Je l'aime depuis ma rencontre avec lui, drôle, cocasse. C'est un de ces mots que longtemps j'aime plus que ce qu'il désigne, parce qu'aimer le mot est confortable, permet de ne pas se frotter à cette réalité qu'il empoigne et me livre sans que j'aie à en faire l'expérience hostile.

Enfant, parmi toutes les cérémonies secrètes, il y avait celle du feuilletage, à peine était-il arrivé par la poste, d'un épais catalogue de vente par correspondance, deux fois dans l'année une joie bonne et durable de saison. Sans relever de l'interdit, puisque cette manne entrait avec naturel, presque solennellement, à la maison, la fascination avide qu'il exerçait tenait tout de même un peu du privilège, sinon du sacrilège, en vertu peut-être de son caractère de fenêtre sur le monde, de galerie de tentations, et de flatterie des mauvaises inclinations consuméristes. Le plaisir n'en était que plus grand. Les jouets de Noël. Les appareils électroménagers parfaitement inutiles, et ceux de la technologie à peine naissante. Les meubles en situation et au détail. Les couleurs des draps, dont l'empilement constituait la palette, les noms des couleurs, les noms de matière, coton, jersey, lin, cretonne, comme une version modeste des destinations sur le grand panneau noir cliquetant dans un aéroport. Le prêt-à-porter. Une garde-robe de papier. Son prodige était de ne pas seulement montrer les vêtements que l'on pouvait convoiter en silence, sans la gêne encombrante du déshabillage et de l'essayage derrière le rideau flottant de la cabine, sans la déception du mal coupé sur le corps inadéquat qui semble pousser dans tous les sens et toujours à l'étroit, mais surtout les petites filles et les petits garçons qui les portaient, mais surtout les adolescentes et les adolescents saisis dans ces poses nourrissantes d'une complicité légitime en laquelle un jour on pourrait espérer, et les femmes qui étaient aussi une contrée lointaine, celle d'un âge adulte d'avant être mère, insituable, inconnaissable intimement puisqu'on est toujours l'enfant d'une femme qui est mère, quand les hommes, je ne les regardais même pas, doués pour l'heure d'aucune utilité imaginaire.

Pour circuler dans l'amas de pages fines, il y avait la table des matières, flattant mon instinct des listes et des mots. Je m'y plongeais pour gagner tout de suite, sans avoir à errer, à l'endroit délicieux des vêtements d'enfant, pour satisfaire cette joie d'une compagnie de mon âge sans contact, aussi bien qu'habiller mon image mentale sur ses modèles. J'avais trouvé toute seule. Le chemin comme une astuce. Le nom. Sa déclinaison ternaire. Tout était clair. Il y avait « Jean enfant » et « Jean femme » et « Jean homme », et chaque fois, à une ou deux pages près mais qu'importait car je savais que par correspondance aussi l'erreur était humaine, c'était le début des pages désirées. Qu'entendais-je exactement ? Que l'orthographe, dont j'avais pourtant très tôt plus que des rudiments solides, ne fût pas la même, n'a jamais constitué un obstacle à cette organisation du monde vestimentaire et marchand. Parce que Jean était le prénom par excellence, le prénom que portait le frère de ma grand-mère et son père, que le frère de ma grand-mère avait choisi pour sa sœur quand elle était née, devenant aussi universellement Jeanne qu'il était Jean, le prénom de l'humanité. Et parce que dans *Jean*, loin de soupçonner une autre prononciation possible que celle de ma langue puisque originellement j'ignorais même qu'il existât plusieurs langues, j'entendais un peu *genre*, mais surtout *gens*. Les gens humains. Le genre humain. Le Jean humain.

Ce ne fut que longtemps après ces explorations primitives de l'image vêtue de soi que je compris que *jean* ne renvoyait pas au prénom sanctifié des campagnes et des racines, mais, prononcé à la manière des démons du poème d'Hugo, qui faisait tournoyer sa petite tornade dans les pages des *Orientales*, à son paronyme d'origine anglo-saxonne ; aux pantalons que les années quatre-vingt, que ce soit pour les femmes, les hommes, les enfants, rendaient visiblement primordiaux, incontournables, les pantalons de toile bleue, *denim*, qui, partie blanche ou brune de la République marchande de Gênes, *Jeane* son nom anglais, qui en habillait ses navires et ses marins, gagna l'Angleterre et Nîmes, *de Nîmes*, où on la renforça en armure de serge pour le labeur des paysans et des bergers, et d'où on la renvoya à Gênes qui la teinta d'indigo; les pantalons de toile bleue nés dans l'Ouest américain, celui des chercheurs d'or, Levi Strauss and co, le hasard des noms, le vêtement des mineurs, des bûcherons, des travailleurs, des muscles au grand air, bandés pour l'effort, le bleu de travail, le bleu de la sueur et de la besogne, le bleu de l'œuvre et de la tâche, du pain gagné, de la conquête, la seconde peau des laborieux, des vaillants.

Après quinze années de famille et foyer, je sors de la structure comme si elle avait été une chrysalide, mais ce n'est pas moi qui ai changé. Mon regard peut-être. Je m'en extirpe avec toutes les peines du monde, je veux dire tristesse, et je découvre avec une joie antidote, qui n'est pas loin de la stupeur, une joie suffocante qui s'arrache à un fond ardent de souffrances, je découvre que ce monde ne se limite pas à nos quatre entités mêlées que j'ai décidé de démêler, cette cellule de cellules proliférantes juste ce qu'il faut pour contenir les germes de son explosion, mais que ce monde est peuplé et fourmille. La métamorphose, c'est que je n'ai plus peur. Les êtres que je croise dans la ville, en surface et dans les souterrains de la ville, et qui ne sont pas, comme dans mes familles, celle dont j'étais l'enfant et celle dont j'ai fait les enfants, « les miens », ne me semblent plus des entités menaçantes que des photographies commerciales dans le prêt-à-porter à distance permettaient d'apprivoiser sans risque, mais des corps amis, des corps frères et des corps sœurs, corps et neurones miroirs. Les gens. Je sens un irrépressible élan. Ils soulèvent des vagues de curiosité et de compréhension qui m'enveloppent, comme les voiles des bateaux génois qui acheminaient les culottes universelles. Je suis à nouveau adolescente dans cet enlèvement. Je voudrais bien me jeter sur eux, respirer l'air qu'ils respirent, je me glisse dans les couloirs de liberté qu'ils ouvrent de leurs déplacements anonymes, je fraie ma route avec eux, dont la multitude m'est si étonnamment douce, parce que parmi les humains, hors du cocon de ceux qui seront à jamais les miens et que je pousse vers cet appel d'air suprême, indifférenciée et unique à moi-même, je peux n'être ni la fille ni l'épouse ni la mère, n'avoir aucun rôle, n'être personne.

Dans le métro, sur ses quais, dans les bus qui sillonnent la ville, les jeunes filles lisent à travers et avec leurs cheveux. Ce ne sont pas seulement leur regard qu'elles posent sur la page, pas seulement leurs mains, leurs doigts, leurs paumes, leurs ongles, qui caressent les pages, mais leurs cheveux. Je me penche. Je voudrais, me lovant dans les poèmes communs, cette banalité minimale dont l'accoutumance pourrait faire fuir et retient, sentir le parfum de leur chevelure. Je voudrais en tisser des textes, ces textes sus, Baudelaire, l'ivresse des crinières, odeurs d'ailleurs et de sexe, Aragon, Éluard, et des textes nouveaux, inconnus, des textes châtains et clairs, des textes roux, d'une finesse cette fois électrique, les cheveux des lectrices qui bougent en minuscule rythme pour suivre les lignes que leurs formes, accroche-cœurs, mèches, amas, boucles, vrilles, tresses, touffes, frison, broderie, volute, ornement, arabesque, damas, écrivent du même mouvement, d'acajou, de foudre, de ténèbres, ou brutalement d'or.

Je lis par-dessus son épaule, à travers sa chevelure, à celle-ci qui lit des poèmes dans le boucan, qui dévore ces écrins, sonnets sans doute, rectangles sur la page, fenêtres closes et noires sur fenêtres blanches. Le regard est flou, la photographie est floue, et dans un rectangle miniature, impossible de découvrir quel poème exactement, d'une anthologie de poètes français. À quelques mots piochés, Ronsard, mais nous ne saurons jamais. Il me reste cette position, debout contre la foule, pressée, voyeuse, mon regard franchissant le rideau des cheveux presque orange de la jeune fille, qui se déploient en arc comme une portion congrue des anneaux d'un astre, comme des colliers d'insectes de taille artistiquement réduite, des coléoptères bijoux en file indienne, en fils de cuivre affinés, limaille organique, travail elfique d'orfèvre inimitable, en suspension au-dessus des caractères noirs, autres colonies d'insectes plus rigoureux, les mètres ordonnés, cohortes de quatrains, et leurs rimes.

Et parfois, les garçons qui lisent ont eux aussi les cheveux longs. Celui-ci les porte courts, mais je lis par-dessus son épaule exactement comme par-dessus celle de la jeune fille rousse. D'une certaine manière, il me rend le poème perdu, celui que je n'ai pas su voir. Bien sûr ce n'est pas le même, mais un poème pour un regret, un poème pour un regard, un poème pour un poème.

Il fait nuit. Nous rentrons tard. Le métro est désert pour nous qui habitons des rivages lettrés. Je déchiffre pendue à son cerveau. Son pouce est rude sur la peau si blanche. Le titre est « La dormeuse », mais ce n'est pas celle de Paul Valéry car le poème est en prose. C'est celle d'Edgar Allan Poe. Je le sais : l'homme a suspendu sa lecture et refermé presque complètement le livre, alors le visage du poète est apparu, violet sur bronze dans le bandeau. Ce qui est apparu aussi, c'est le dos de la main de l'homme, couverte de longs poils bruns, une plaine herbue, jusque sur ses phalanges. Cette main dévoile à nouveau les pages du livre. C'est la caresse. Je la reçois. Mon visage se penche de plus belle. Je cherche la caresse, je ne veux plus quitter sa surface douce, et qu'elle reste à jamais inachevée. Nous lisons : « À minuit, au mois de juin, je suis sous la lune mystique : une vapeur opiacée, obscure, humide, s'exhale hors de son contour d'or et, doucement se distillant, goutte à goutte, sur le tranquille sommet de la montagne, glisse, avec assoupissement et musique, parmi l'universelle vallée. Le romarin salue la tombe, le lis flotte sur la vague ; enveloppant de brume son sein, la ruine se… »

Elle aussi a assorti ses vêtements et son livre. *Le père de mes enfants* dirait sans doute qu'elle est sans goût. L'édition de poche d'*Un roman russe* montre le dos d'un homme nu surplombant le vide, bras tendus vers l'avant comme en un plongeon tranquille, un homme volant. Parce qu'elles sortent du cadre, ses mains sont comme tranchées à moitié. Au-dessous de lui s'étend le découpage d'un paysage agraire, patchwork. Ambitions terrestres, campagnes pleines de petits destins. Peut-être s'agit-il d'une aquarelle. C'est sans doute une photographie. Certains carreaux blancs, d'autres gris, d'autres verts, d'un vert désuni, qui reproduit les jaunoiements de l'herbe quand le soleil la tanne. C'est sans doute la photographie d'un nageur, dans l'extension immergée de la brasse, l'ondoiement de l'eau déforme le contour du carrelage sous son corps qui file. L'image confond voler et plonger, planer et flotter, c'est sa grâce. Le nom Emmanuel Carrère a cette même couleur de fraîche fougère, et c'est aussi celle de la chemise de la lectrice, sous un trench-coat beige clair, la peau de l'homme. Elle tient le livre d'une seule main, doigts écarquillés. Elle rend au moins des doigts à celui qui n'en a plus sur la couverture.

Pour ne pas tronquer le livre, je n'ai pas pu faire autrement que de photographier un peu du visage de la jeune femme. Sur le côté droit, la vapeur botticellienne de ses cheveux fait écho à la sonorité de l'adjectif du titre, sa finale sifflante, sa joie électrique, les deux s du mot *russe*. Au-dessus du livre, en recadrant l'image, j'ai conservé sa bouche pour une raison précise. On ne peut pas dire qu'elle sourit. Ses lèvres sont pincées. Elles font apparaître des fossettes juste au-dessus et juste au-dessous des commissures, de discrets froncements. Peut-être l'amorce d'un sourire, ou son dernier feu, ou sa retenue. Peut-être la contraction d'un muscle avant sa détente. Ce n'est pas cette jeune femme tout entière, ce n'est pas sa vérité, ni même une de ses vérités, mais un atome d'elle dans le temps. Ces lèvres pincées ont leur sens au regard du répertoire des attitudes humaines. Si l'on s'y réfère, on peut conjecturer que la lectrice du *Roman russe* exprime un contentement mêlé de gêne.

Je la regarde et elle ne le sait pas. Il n'y a de ma part, dans cette inégalité, aucune leçon, aucun jugement. Elle est parvenue à la fin du livre. Je peux presque compter le nombre de pages qu'il lui reste à lire. Elles veulent prendre leur envol dans la lumière bleutée. Je sais donc qu'elle a lu ce à quoi je pense, et je suis avec elle. Les lèvres de la jeune femme disent peut-être aussi son envie de pleurer, car la fin du livre est très émouvante. L'auteur s'adresse à sa mère. Le texte dit *tu* et il dit « Maman ». Mais ce n'est pas ce à quoi je pense. Un marque-page est planté au beau milieu du livre, un vrai marque-page en carton blanc sur lequel se déchiffre à l'envers la marque de légendaires petits carnets d'esquisses noirs. Je me dis que c'est exactement là. Dans le livre, dans mon souvenir, c'est exactement là. Encore un hasard ? C'est moi qui décide. Je regarde la lectrice achever la lecture du livre, ses lèvres suggestives, inexplicables. Comme c'est ambigu. Je n'ai jamais été autant voyeuse. À cause de ce livre-là. Du souvenir de mon ravissement à sa lecture, du ravissement de mon souvenir. Une part précise de ce livre. Jamais autant voyeuse.

Nous sommes dans le métro. C'est une espèce de train. Comme j'aurais aimé croiser une lectrice de ce livre dans un véritable train. La lectrice, bien sûr, celle du 20 juillet 2002 dans le train pour La Rochelle, l'après-midi. Ou n'importe laquelle. Comme j'aurais aimé être lectrice de ce livre dans un train. Mais ça ne fait rien. Partout, il opère aussi. Un dispositif pervers. On l'a dit, beaucoup écrit, en juillet 2002, à la parution du livre aussi peut-être. Les lecteurs de ce livre comprennent. Une mise en abyme. L'expression pour moi « un plaisir de lecture ». *Le Plaisir du texte* de Roland Barthes. La jouissance.

Dans *Un roman russe*, Emmanuel Carrère raconte l'année 2002 de sa vie et insère le texte qu'il a écrit à la demande du journal *Le Monde* sur le thème du voyage, ce qu'il n'a accepté qu'à condition de pouvoir choisir exactement la date de parution. Un trajet en train, voilà pour le voyage. Mais le texte est surtout une nouvelle érotique qu'il a écrite pour Sophie, la femme qu'il aimait, et un texte dans la vie, et qui joue avec elle : Sophie devait le rejoindre à La Rochelle le 20 juillet, elle achèterait le journal, elle prendrait le train, elle s'installerait et commencerait à lire la nouvelle dans le cahier central de l'été, ce texte qui est en fait une lettre qui lui est destinée et qui raconte ce qu'elle accomplit pendant ce voyage en train, cette lettre qui se rend capable de ce récit parce que sa lectrice acceptera d'exécuter tout ce que son épistolier lui dictera. « … tu vas faire tout ce que je te dirai. À la lettre. Pas à pas ». Rien de tout cela n'est arrivé. Emmanuel Carrère le raconte dans la suite du livre. Au lieu de prendre le train, Sophie est infidèle quelque part, et c'est la fin de leur histoire. Emmanuel Carrère l'écrit encore douze ans après la mésaventure, sept ans après la parution d'*Un roman russe*, on lui a demandé cette fois une «histoire singulière» qu'il a vécue avec le journal *Le Monde* : « Rien ne s'est passé comme prévu. La femme que j'aimais ne m'a pas rejoint. Elle n'a pas suivi mes instructions. C'est moi qui, à défaut, suis revenu à Paris pour prendre ce fameux train de 14h45 et juger sur place, en temps réel, de l'effet de ma nouvelle. Je ne peux pas dire que j'ai vu, comme je l'espérais, des hordes de femmes rendues folles de désir par mon expérience de littérature performative. » Je ne suis pas tout à fait d'accord. Ce n'était pas qu'une lettre d'amour. Ce n'était pas qu'un jeu. D'ailleurs, je n'y trouve rien de pervers. Je ne peux pas dire les choses autrement qu'en une sentence grossière, un peu pontifiante : c'était de la littérature. La dernière phrase citée est importante. Dans le livre déjà, c'était cela, « l'idée » : « ... pas seulement de te faire mouiller toi mais aussi toute autre femme qui lit ceci ».

Je suis dans le métro face à une lectrice d'*Un roman russe*. Au début, je ne prête pas attention à l'avancement de sa lecture. Je pense alors qu'elle ne sait pas ce qui l'attend, dans quelle mise en scène elle va jouer son rôle, à son insu. Elle continuera à lire son livre le soir en rentrant de son travail, et le lendemain et le surlendemain, et elle parviendra au point de lire ces pages qui racontent une lecture dans un train, une lecture un peu spéciale, ces pages qui s'adressèrent à elle, la lectrice anonyme d'un autre train, ces pages qui lui diront pourtant « tu », dans lesquelles elle lira : « … pas seulement de te faire mouiller toi mais aussi toute autre femme qui lit ceci ».

Jamais autant voyeuse. Ce que j'ai vu, c'est la femme écrite par Emmanuel Carrère. La femme lisant cette phrase et le filet déployé, le déchaînement des autres autour. On pourrait dire la femme *prévue* par Emmanuel Carrère, le petit pantin de femme. Je ne veux pas. J'ai vu la femme désirée par l'auteur et une femme, parce que je ne pouvais faire autrement que projeter mon propre souvenir de lecture, une femme pleine de désir. Celle-là qu'il désirait, exactement, car ce qu'il désirait, c'était moins la femme que le désir.

Mais quelques pages seulement vont encore s'envoler dans la lumière bleue. La lectrice est sur le point de finir le livre. Elle sait. *Cela* a déjà eu lieu. Peut-être était-ce la veille, l'avant-veille, dans le même métro, sur le même trajet, ou peut-être chez elle, elle était dans le chaud de son lit, elle n'a pas pu abandonner le livre avant d'être arrivée à la fin de cette troisième partie et tout de suite après, elle a éteint la lumière. Je la regarde, mais ne le sait-elle pas ? C'est peut-être le sens de sa bouche froncée. Le spectacle dont elle connaît la teneur. La légère réprimande, la contenance. Le signe de sa pudeur ? Nous partageons.

Le jeu imaginé par Emmanuel Carrère dévoile beaucoup. Son érotisme est aussi littéraire que sexuel. Il explicite notre rapport au livre, cette intimité époustouflante, ce paradoxe sublime puisque nous la tolérons, en nous rendant aveugles à elle, dans les espaces publics, l'encourageons même dans des espaces collectifs que nous organisons spécialement pour elle, cette intimité superlative et unique qui seule nous permet d'être, sans crainte ni représailles, des individus singuliers et secrets, sauvages et nus, dans l'uniformité du grand vacarme social. Le plaisir imaginatif, le plaisir solitaire, le plaisir d'être soi, d'être à soi. Roland Barthes encore, « sur la lecture », dans *Le Bruissement de la langue*, Barthes qui se souvient de Proust, le petit Marcel s'enfermant pour lire dans les cabinets, parce que c'est le lieu le plus propice à la lecture, le lieu du plus grand abandon possible, de la plus grande solitude du corps.

Mais ce jeu, c'est aussi une espèce de cri. L'auteur hurle à son lecteur qu'il veut lui plaire, il lui hurle son désir, il lui hurle qu'il veut qu'il l'aime, qu'il l'aime à ne plus se contrôler, à tout abandonner pour lui, à ne plus pouvoir cesser de le lire. Que désire l'auteur ? Il désire le désir. Il désire le plus profond et le plus vrai de cette intimité dont le livre est le lieu.

Il y a encore autre chose. Cette chose est la plus simple du jeu. Elle a pour origine le principe de la littérature érotique : produire son effet. Le texte le quémande comme un rêve, « J'aime que la littérature soit efficace, j'aimerais idéalement qu'elle soit performative, au sens où les linguistes définissent un énoncé performatif, l'exemple classique étant "je déclare la guerre" : dès l'instant où on l'a prononcée, la guerre est de fait déclarée. » Pour rendre cette magie visible, Emmanuel Carrère invente le dispositif et se lance dans le jeu. Il donne des instructions, pour recréer, de manière totalement artificielle, comme en laboratoire, l'effet de la littérature. Au bout du compte, ce qui doit advenir, c'est la disparition de la différence entre le réel dans le texte et le réel hors du texte, le réel qu'on dit réel. Il ne reste plus que la vie dans le train qui trace sa ligne à travers le jaune euphorique des champs de colza, les petits bosquets et la majesté dépouillée des éoliennes.

Rien ne s'est passé ce jour-là comme prévu. Emmanuel Carrère a raté son coup, le méchant jeu de mots. Son coup sexuel, son coup d'amour. Il était déjà trop tard et c'était une mauvaise blague de potache. L'érotisme à deux sous, des mots crus prévisibles, en dessous chics, une provocation bourgeoise, bien orchestrée, suscitant son lot de protestations consacrées, de glapissements conformes. C'est exactement, dans une entreprise d'autodénigrement et de flagellation, ce qu'il veut raconter, ce fiasco d'amour. Le lieu compte. Dans *Un roman russe*, c'est complètement différent. Ce n'est plus un texte érotique, c'est un texte sur la littérature et sur la lecture. Plus exactement : ce n'est encore un texte érotique que parce que c'est un texte sur la lecture.

Je me souviens avoir lu la troisième partie d'*Un roman russe* dans mon lit. Je me souviens avoir acheté ce livre par défaut dans la collection de poche, parce que *Limonov*, qui était celui que j'avais envie de lire, était trop cher dans l'édition reliée blanche et gaufrée aux lettres bleues, paru seulement six mois auparavant. C'était à la fin de l'hiver ou au début du printemps 2011. J'en suis certaine parce que sur la toute dernière page des livres figurent toujours les dates d'impression et de dépôt légal, et que je peux lire : février 2011. Une bibliothèque est aussi un calendrier. Cette date est importante, une explosion première. Je me souviens que j'étais la mère de deux enfants de six et trois ans. Je me souviens que j'étais la femme du *père de mes enfants*. Les enfants dormaient dans leur chambre. Nous n'avions pas de chambre à nous, les parents, mais notre lit dans le coin de la pièce principale de l'appartement, et dans le prolongement de notre lit, entre lui et la grande baie vitrée, *le père de mes enfants* écrivait sur son ordinateur. Il était concentré. Il ne faisait pas attention à moi. C'était serein quand il ne faisait pas attention à moi. Moi, je lisais la troisième partie d'*Un roman russe*, ces pages qui me disaient *tu*.

Je n'étais pas dans un train. Mais mon lit pouvait inspirer la forme et la clôture d'un wagon et mon repos et ma solitude ce soir-là avaient une qualité véritablement ferroviaire. Je n'ai pas suivi les instructions d'Emmanuel Carrère à la lettre, je ne les ai pas suivies pas à pas. Mon esprit en a épousé la courbe puisque je les ai lues, et il m'a conduite où les instructions devaient mener. J'ai joui très vite, non pas debout dans les toilettes d'un train mais dans mon lit à l'abri du livre et il n'y avait personne pour me regarder, personne pour m'imaginer. Très vite, en silence retenu. *Le père de mes enfants*, non loin, tout au cliquetis des touches sur le clavier, ne s'est aperçu de rien. C'était mon corps à moi, repris, intouché, sinon par moi, qui jouissait sans lui ni sans personne à la faveur de la lecture, à l'abri du livre. Ce n'était pas un mensonge : je lisais, je continuais à lire.

Personne pour me regarder, sauf vous, vous tous à présent, qui lisez, qui imaginez.

À l'inverse de certains lecteurs offusqués, je n'ai jamais pensé que cette esbroufe estivale, avant qu'elle ne devienne la troisième partie d'un grand livre, était une manipulation perverse, un trait de mégalomanie aux dépens d'une femme, pauvre petit pantin de femme. Je ne l'ai lue que dans le roman que j'ai adoré lire, et là, dans cet hiver d'enfants en bas âge et de fatigues où j'étouffais, n'ayant même pas conscience que je cherchais à happer partout tous les lambeaux possibles d'oxygène, grâce à elle, j'ai repris mon corps pour moi, dans une espèce de mouvement despotique de revanche, et enclos dans mon corps pour moi, en dessous de tous les sédiments d'amour pour mes enfants et *le père de mes enfants*, en dessous de toutes les servitudes banales, en dessous de tous les oublis, il y avait un sentiment perdu. Le mot est trop grave en regard des geôles réelles, mais il faut le dire. Perdu, fragile, éreinté, le sentiment de la liberté. Là encore, ce n'est qu'un instant, une expérience parmi toutes les autres que l'on peut vivre et que j'ai vécues, du sexe et du couple, une modalité parmi d'autres des rapports entre les femmes et les hommes, entre les partenaires de vie et partenaires d'amour et partenaires sexuels. D'une certaine manière, j'ai complété ce soir-là le dispositif, et je veux croire que beaucoup d'autres femmes l'ont fait aussi : de l'homme qui regarde les femmes jouir, et jouir grâce à lui, à sa demande, sur ses ordres, pour lui, aux femmes que les hommes ne voient pas jouir, qui gardent leur secret. Tout est réversible :

maintenant que j'ai raconté, hommes, femmes, vous avez vu, vous savez.

Il y a autre chose encore de très troublant. Lorsque j'ai souri en rencontrant la lectrice du *Roman russe* dans le métro m'est aussitôt revenu le souvenir de ma lecture. Il a instantanément instauré entre la lectrice et moi une intimité, cette intimité qui nous lie elle et moi mais aussi d'autres lecteurs inconnus qui portaient ici ou ailleurs le regard sur elle, ou n'importe quel regard sur cette lecture précise, celle d'*Un Roman russe*, et, je le pense, sur n'importe quelle lecture, parce que la lecture est le cri mutique d'un désir.

Depuis, j'ai relu la fameuse troisième partie, la lettre, le texte qui dit *tu*. Ce qui est troublant, c'est qu'il ne dit pas seulement *tu*. Dans l'avant-dernière partie du texte un changement se produit. Ce n'est plus la destinataire de la lettre qui est l'objet du regard, de celui de l'auteur mais aussi de tous les autres passagers du train qui ont cherché à l'identifier. À son tour elle regarde : elle regarde une des femmes, une des lectrices de la lettre se lever et aller s'enfermer dans les toilettes. Le pronom *elle* efface la deuxième personne. La jouissance de la destinataire première de la lettre n'est jamais racontée, elle n'est qu'annoncée, « ça va être ton tour maintenant », mais celle d'une autre femme, de deux autres exactement, de toutes les autres idéalement. « Un ballet de regards, des sourires discrets, un clin d'œil entre filles. » En relisant ce cœur d'*Un roman russe* après l'avoir déjà lu, longtemps avant, dans mon lit, je m'aperçois que la rencontre dans le métro en accomplit exactement le dispositif. Mon regard voyeur. Le ballet de regards. Le vrai caprice de l'auteur qui n'est pas tant de voir lire que de voir voir lire : « Il y a une chance sur dix, j'exagère sans doute mais pas tant que ça, pour que la personne assise à côté de toi lise en ce moment la même chose que toi. » Le partage de cette intimité-là. L'échange des rôles, car je suis la lectrice première qui regarde une autre femme lire à son tour, être ce *tu* que j'ai été et que je suis encore quand elle est *elle*, la probabilité d'autres regards, des regards comme moi lecteurs, gaiement troublés, ou innocents au contraire de cette mise en scène, de ce dévoilement de l'érotisme de la lecture.

J'avais toujours vu dans cette lettre un geste d'amour, je veux dire de demande d'amour. Je ne l'avais pas bien lue. La déclaration d'amour. La déclamation d'amour. La réclamation d'amour. Peut-être Emmanuel Carrère avait-il l'intuition poignante en l'adressant apparemment à la femme qu'il aimait qu'il n'était plus le seul à être aimé ? Ce qu'il désire, ce après quoi il crie, ce n'est pas seulement sa lecture à elle, son désir à elle, c'est le désir et la lecture de toutes les autres femmes, « des milliers d'autres femmes », de milliers d'autres lecteurs. D'une certaine manière, il a pris les devants. D'une certaine manière, c'était une lettre d'insuffisance. Une seule femme, une seule lectrice, un seul désir, ce n'est pas suffisant. Le regard se pose ailleurs. Des milliers d'ailleurs, une lettre d'adieu.

# PRENDRE SOIN

Lorsque j'ai rencontré celui qui deviendrait *le père de mes enfants*, je venais de terminer mon premier texte de l'âge adulte. Pour l'envoyer à des éditeurs et le faire lire à mes proches, je l'avais mis en page, imprimé et fait relier de telle façon qu'il ressemblât à un livre. Je me réjouissais naïvement de ce qu'il en eût la taille et l'épaisseur, et de son titre se déployant sous mon nom en sa factice page de garde : *Auguste ou la parenthèse*. Je l'avais écrit pendant les deux années précédentes, le temps du garçon que j'aimais alors, que j'avais connu à Pise, an un de cette histoire, puis retrouvé régulièrement à Rome où il travaillait, an deux. L'Auguste du titre est pour une part l'empereur de la *Pax romana* et de l'*Ara Pacis*, devant lequel je passais pour aller de chez mon amour au cœur de la ville, et retour, tous les jours, Caius Octavianus dont je contemplais les innombrables portraits sculptés dans les musées, cette codification politique fascinante du visage que j'avais étudiée en histoire de l'art, yeux vides, lèvre supérieure en forme de vague, et ses fossettes, et la disposition calculée des mèches sur son front large et plissé juste ce qu'il fallait pour suggérer la sagesse mais non le poids trop pesant des années. Pour une autre part, il était aussi, sinon le jeune homme réel aux yeux d'orage dont j'étais amoureuse, du moins son fantasme, ourlé du parisianisme historique qui impressionnait en moi la petite provinciale, car, pour la légende, il descendait d'une famille célèbre dont un membre avait écrit le livret du plus grand opéra français, une autre était une égérie proustienne, et il faisait la sieste, enfant, sous un tableau mythique, un Gauguin ou un Degas, je ne sais plus, dans un hôtel particulier de la place Dauphine. Pour une dernière part, la plus sombre et sans doute d'une certaine manière la mienne, Auguste était enfin la figure du clown rouge, l'éperdument triste, qui exprimait ma peur, de devoir vivre et de ne pas savoir, et dont le maquillage étire le sourire jusqu'au cri, celui, incarné par son avatar ultra-contemporain du Joker, du désespoir social.

De ces trois parts, *le père de mes enfants* ne retint que la seconde, celle de mes amours récentes, de son prédécesseur dans ma vie, qui m'avait quittée, remplacée, mais exprimait de temps en temps des espèces de regrets, peut-être simplement une prudence, de celles qui font tenir les amours au chaud, au cas où. Un jour, *le père de mes enfants* me donna rendez-vous sur le pont des Arts. Il venait de lire mon texte. Lorsque je le rejoignis, je constatai que l'exemplaire que je lui avais confié était parsemé d'annotations au stylo rouge, qui n'étaient pas des remarques littéraires mais des traits de jalousie, manifestations de crainte déjà que je m'échappe, des traits d'esprit, et même d'humour, non sur le dos de mon texte, mais sur celui de l'époque et du garçon d'avant. Il y avait aussi plein de petits dessins obscènes, et *le père de mes enfants* me dit qu'il n'avait pas manqué d'honorer le petit volume de tous les fluides organiques possibles, mais je ne crois pas qu'il ait pleuré. Il se mit alors à déchirer les pages du manuscrit et à les jeter à la Seine. Elles planaient comme des mouettes splendides. Je l'arrêtai, m'accrochai à son bras rageur qui arrachait et faisait voler. Je lui criai qu'il était fou, qu'il fallait garder l'exemplaire, qu'il était devenu trop unique. Je voulus à l'instant même où je le découvris le conserver. Je crois que je riais, que j'étais flattée par cet empressement, cette insistance à, je crois, m'aimer. Elle était troublante, bien sûr effrayante, et j'aurais dû être effrayée. Je devais l'être plus encore de ne pas vivre sous le regard de quelqu'un qui aime, peu importe sa manière d'aimer, posé sur moi pour m'assurer de mon existence. Il y a dans le roman de Jonathan Safran Foer, *Tout est illuminé*, un petit bout de phrase qui correspond parfaitement à mon interprétation d'alors, ce que je voulais uniquement voir : « pas des marques de violence mais de violent amour ».

Nous avons ramené l'exemplaire marqué à la maison. J'ai encore cette reliure quelque part, ce que j'ai oublié c'est seulement où je l'ai remisée. Elle a depuis toujours constitué une preuve, mais ce dont elle est une preuve s'est transformé au cours du temps. Il faut accepter de ne pas toujours croire aux faits.

Lorsque j'avais vingt-deux ans, j'ai vécu une histoire avec un garçon qui était étudiant en physique théorique. C'était avant mon amour romain et juste après mon premier chagrin d'amour, le premier véritable, une transition, un pansement, l'été. Nous nous sommes rencontrés à la fin de l'année universitaire, puis le mois de juillet est arrivé et nous nous sommes écrit des lettres que lui envoyait dans des enveloppes bleues, de celles dans lesquelles on pouvait glisser des fleurs sauvages et séchées, en guise d'amoureuses pensées. Ce fut pour moi une des dernières expériences de correspondances manuscrites. *Le père de mes enfants* m'envoya quelques lettres au début de notre histoire, sur les enveloppes desquelles il écrivait « Ma demoiselle ». Après, très vite, ces pratiques épistolaires disparurent.

J'étais en famille à la montagne, nous téléphonions à ma grand-mère, je n'osais pas lui demander si j'avais reçu du courrier, les cimes mauves me semblaient rire de moi. Je sondais les modulations de sa voix, d'éventuelles clartés plus espiègles car elle était volontiers ma complice. Sa voix pétillait quand j'avais une lettre. Ma grand-mère me lisait le nom de l'expéditeur avec hésitation, par jeu. J'avais placé beaucoup d'espérances, une foi un peu brutale, la vision d'un immense pan d'avenir dans ce garçon, avec un artifice proportionnel à l'authenticité du désespoir de fin qui m'avait occupée pendant tout le printemps. C'est un garçon pour qui je ne fus pas moi, pour qui je désirai être une autre, un autre caractère et un autre déterminisme social, même s'il est possible qu'à cet âge et longtemps et peut-être même encore maintenant, je n'aie jamais cherché qu'à être la fille imaginaire que je supposais attendue par mes amoureux successifs. J'étais immobile et calme. Il était délicat, taiseux. Il flattait mon incompréhension des trous noirs, des phénomènes qui résistent au savoir et qu'il faut briser prodigieusement, à force de fictions. Je trouvais les énigmes de l'univers une excellente métaphore. Lorsqu'il m'a confié que son père s'était suicidé, j'ai enfermé tout ce que je percevais de lui, l'aridité de la physique, sa timidité, son égalité d'humeur que je pouvais complaisamment colorer de mélancolie et qui faisaient de ses sourires et de son humour des plaisirs de surprise, dans cette explication recevable. À la fin de l'été, il est venu me voir. Nous nous sommes embrassés la nuit dans sa voiture arrêtée au fond d'un chemin de terre plein de cailloux et d'ornières à l'orée des bois près de ma maison d'enfance, j'ai trouvé cela très adulte, clandestin. La nuit bougeait autour de nous, les arbres argentés, lugubres, des vieillards, des odeurs de glaives que nous ne sentions pas, des fluides. J'aimais beaucoup que le garçon me parle de l'accélérateur de particules du Cern, des vingt-sept kilomètres de tunnels enterrés à cent mètres de profondeur près de Genève et du pays de Gex. Mais la gêne a grandi entre nous, j'étais trop vive pour lui, celle que je pensais devoir m'évertuer à être afin de lui plaire ne me ressemblait pas du tout, elle s'éloignait de plus en plus de moi au fur et à mesure que j'essayais de la rendre docile, rose et ivoire comme un camée, bourgeoise comme un carré de soie. Je n'aurais même pas aimé cette fille. La gêne s'est muée en tristesse et il a eu le courage de nous en extirper, avec la délicatesse qui était la sienne et dans laquelle j'ai alors reconnu cette grande peur qui pousse à vivre entouré de précautions silencieuses. Une vie neutre et calfeutrée. J'ai ressenti un pincement, la honte des songe-creux dessillés. Je me suis teint les cheveux en prune.

Il m'a été longtemps impossible de retrouver son nom de famille et je n'étais parfois même plus sûre non plus de son prénom. C'était un trou noir effroyable. Mais c'est à lui pourtant que je pensais chaque fois que je rencontrais dans le métro ces lecteurs mystérieux qui couvrent leurs livres de papier, blanc, kraft ou de couleur, et lisent des livres qui, aux yeux des autres, semblent vierges. La délicatesse du garçon étudiant en physique n'était pas exactement celle-ci mais y ressemble. Il protégeait les livres qu'il lisait de leurs déplacements et de leurs séjours dans des sacs plus ou moins informes en les enveloppant dans un foulard doux et léger. Je me souviens d'un volume de Proust posé sur la mousseline. C'était féminin et poétique. J'ai emprunté un temps au jeune homme cette technique, je m'appropriais les pliages, parfois, lorsque le carré de tissu était de taille modeste, nouant les coins sur la couverture. J'avais l'impression de langer les livres comme des nourrissons. Ou bien la lecture devenait une curieuse excursion de printemps, un pique-nique à la clé, charriant pêle-mêle avec les motifs du livre, le foisonnement de son domaine propre, un imaginaire invariant de prairie et de rivière, de vert pomme, de sautillements sur le chemin, de cailloux semés et de mie de pain, de Petit Chaperon rouge et de baluchons.

Il a repris contact avec moi récemment, il m'a rappelé le nom de jeune homme que je lui avais donné, nous nous sommes raconté nos vies, en raccourci. Le résumé de la sienne m'a confirmé que cette fille lointaine de vingt-deux ans à laquelle je m'étais essayée pour lui plaire, d'un autre tempérament que le mien et même d'une autre classe sociale que la mienne, était une tentative très vaine. Je ne suis pas un bonbon fin protégé dans son papier léger, pas une fille en soie. Je ressemble davantage à un manuscrit malmené, à des feuilles souillées, raturées, écornées, arrachées et jetées au vent, au fleuve, je n'ai pas besoin d'être délicate.

Ce que je désirais dans ma vingtaine, à cette époque des premiers choix, que je désirerais longtemps et que d'une certaine manière je désire encore, c'est cette intensité de vie qui est le privilège des êtres humains dans les livres. J'avais découvert, après avoir sans distance ni savoir partagé et aimé leurs aventures, la notion de personnage. Mais si elle avait un sens, ce n'était qu'à condition que j'en fusse un moi aussi, avec toute l'exigence et l'aura nécessaire, cette réalité excédentaire qui était le seul sens. Ou alors, les êtres des livres n'avaient pas moins d'existence organique et spirituelle que moi, pleine de matières complexes, palpables et impalpables, de cellules et de nuées, des chairs tout aussi chairs, les divers degrés de joie et de souffrances. La révélation, ce fut *L'Homme révolté* de Camus, dont un extrait du chapitre « roman et révolte » constitua prosaïquement un sujet de dissertation en classe de première et magiquement le scintillement d'une vérité quand tous les brins de mes intuitions, que je croyais sans y croire seulement objet de croyance folle, superstition de grand-mère, des fariboles, trouvaient enfin une légitimité, le soulagement que ce fut, et la délectation : « La souffrance est la même, le mensonge et l'amour. Les héros ont notre langage, nos faiblesses, nos forces. Leur univers n'est ni plus beau ni plus édifiant que le nôtre. Mais eux, du moins, courent jusqu'au bout de leurs destin [...] » Je goûtais d'abord le bâti de cette phrase à trois noms, verbe deux fois élidé, comme un cerbère. Et puis cette différence à peine, une simple clôture, un degré d'obstination, qui pour moi ne tenait pas tant dans la conjonction *mais* que dans cette finesse que suspendaient deux virgules, semblant inverser le cours des choses en nuançant la suprématie héroïque et me laissant espoir, cette prodigieuse locution adverbiale : *du moins*. Lorsqu'il avait malmené mon manuscrit sur le pont des Arts, *le père de mes enfants* m'avait en quelque sorte montré qu'il était possible, sans aller jusqu'aux extrémités punies par la loi, le crime, le terrorisme, ou à des excentricités de retranchement du monde, auxquelles pense aussi Camus dans ces lignes, de choisir de ce côté-ci du réel que la vie soit aussi vive, aussi profonde et puissante, aussi crue et aussi dense, que dans les livres. Son geste m'avait impressionnée, car dans sa violence, je n'avais vu que sa capacité à excéder, sans dépasser les limites de la vie sociale, les manières d'éprouver les expériences et les sentiments humains. C'est pourquoi je ne regrette rien.

Il y a dans notre séparation de l'injustice. C'est lui qui avait ouvert la voie de l'intensité, c'est pour elle que je l'avais suivi, élue avec lui autant que lui, qui déjà avait fait le choix de la peinture, c'est-à-dire d'une vie qui ne peut être ordinaire. Puis les manques ont été comblés, les appels d'air chassés, je me suis emplie, d'amour, d'enfant, d'activité, de rien, de vie, et j'ai aspiré à plus de calme. De rien, de vie. Injustice. Ou peut-être simplement les réalités changeantes. Le rien n'est plus le même rien, la vie plus la même vie. Nous nous sommes séparés exactement sur la même frontière que celle de notre existence. L'intensité pour moi avait changé de nature. Elle n'est plus celle du sentiment, de la volonté, de l'ego, de l'identité, mais de tout ce qui les dissout. *Le père de mes enfants* peut le comprendre, car un jour, juste après nos débuts, ce fut lui qui se tînt de ce côté. Nous ne sommes que des lignes mouvantes.

Alors que notre *nous* s'était formé sur ce pacte d'une conscience plus exacerbée de la vie et surtout sa traduction dans des choix et des actes, à laquelle il m'avait initié alors que je me tenais encore sur son seuil, la convoitant sans oser, il y avait des domaines dans lesquels c'était lui qui était en retrait et réprimait mon enthousiasme.

Je me souviens d'un jour où nous avions pris le métro tous les deux et étions assis côte à côte en silence, j'avais eu envie d'un petit film. J'étais assise dans une rame de métro. Tu étais à mes côtés. Je dis tu car ce n'était pas lui, mais ce n'est pas un toi bien défini, plutôt un toi idéal, que parfois des hommes ou des femmes incarnent, quelques secondes. Nous portions des vêtements de dandy. C'était une réminiscence exacte du texte de Camus, qui rapproche le dandy et le révolutionnaire, exemples de choix de destin, faute de ne pas être un personnage de livre. J'imagine des touchers de velours et des couleurs sombres, violines, des chapeaux, une cane-épée. Un accordéoniste à casquette entrait et se mettait à jouer, d'abord des airs si plaintifs et puis ces espèces de chansons de temps de guerre, de maquis, des partitions pleines de cris animaliers des sous-bois, et aussi de paille passionnelle dans les cheveux, des chansons à samedi soir d'antan, à feux de saint-jean, à bal populaires. Je prenais ta main. Je devais la tirer un peu pour te mettre debout, mais un tout petit peu, tu aimais bien ça, ces secondes de doutes pendant lesquelles nous suggérions toi et moi que tu pouvais avoir le dessus, et que par jeu je te supplie. Nous nous levions enfin, tu prenais ma taille et, c'était ce que je voulais, de danser nous commencions. À chaque pas ou à chaque volte, piocher un regard, cibler les yeux. Alors peu à peu les autres passagers se levaient aussi, se mettaient à danser aussi, car nous étions divinement communicatifs, chacun sa gigue ou à deux comme toi et moi, ou à trois à quatre en se tenant tressés par les bras les épaules, ou pour finir en farandole, et le wagon entier dansait. L'accordéoniste dévidait son répertoire fabuleux, la musique s'accélérait, le train aussi, si bien que très vite, l'image s'éclaircissait et autour de la rame ce n'était plus les voûtes souterraines mais une campagne rêche, tout argentée déjà plutôt que verte, et la verdure très vite devenait comme des cheveux de vieille femme, si bien que très très vite les contours même disparaissaient et nous nous retrouvions dans une image blanche, épaisse et en même temps douée de liquidité, cette sorte de brouillard de chemins tziganes, tu vois. La musique était toujours là, en feu, et nos danses à tous flottaient dans cet éblouissement de glacier, la grande plaine de givre.

J'ai souvent voulu mettre à exécution ce film imaginaire, lorsque j'étais dans le métro avec *le père de mes enfants*, puis en compagnie des enfants, lorsqu'un accordéoniste complétait le décor et que toutes les conditions de cet enchantement étaient réunies. Mais *le père de mes enfants* n'a jamais voulu danser, n'a jamais compris cette excentricité-là, il n'aimait pas *se donner en spectacle*, c'était l'endroit où lui mettait sa pudeur, mais peut-être simplement parce que cette baroquerie n'était pas son choix. J'ai ravalé ma scène folle, assagie par la brimade au point d'aveugler toutes les occasions de rendre effectives ces images avec d'autres. Je la refoulai jusqu'à la séparation, jusqu'au moment où je me mis à prendre les gens qui lisaient en photographie dans le métro, et alors il m'apparut un jour – c'était un mardi et les gens surlisaient – qu'à travers la mise au point à l'arrache des photos volées, des photos ambulatoires, et de cette luminosité spéciale qu'elle donne aux livres, aux pages soudain dégrisées, je réalisais mon film. Dans cette version nouvelle, ce serait très simple, je suis seule cette fois, je veux dire tu ne m'accompagnes pas mais il y a tous les autres. Nous sommes tous assis ou debout, mais immobiles, et nous ne nous regardons pas car ce n'est pas du tout nécessaire, nous lisons tous. Entre nos mains, un livre chacun. Impossible d'ailleurs de savoir ce que nous lisons, ça n'a aucune importance, nous lisons ensemble. Entre les mains, de petits rectangles mobiles de lumière. Ce film est très court. Il ne s'y passe rien, seulement des gens qui lisent. Il finit comme le premier, la blancheur veloutée, brouillée par la brillance, qui finit par brûler l'image, la plaine de givre.

Dans le hall souterrain de la gare Saint-Lazare, un homme s'empressait vers les portillons qui filtrent les passagers. Dans sa main, un livre couvert, mais ce n'est ni de blanc ni de kraft. Le livre est grossièrement enveloppé dans ce que je suppose être une feuille de magazine froissée, un support publicitaire où le message écrit domine. Pas d'image, lettres d'imprimerie, noir sur blanc, un peu de vert, géométrie, logo, slogan. Comme le portillon rechigne à le laisser passer et que la rareté de la pratique m'illumine, je sors ma petite machine, cadre vite, prends la photo. Il y a de grands rayons verts et rouges à l'arrière-plan, comme des feux de signalisation, des taches que le mouvement aurait dû rendre poreuses et pourtant, malgré l'urgence, l'arrache, la photographie n'est pas floue. Nous n'avons simplement pas l'air d'être où nous sommes, mais dans un futur plus ou moins proche, un temple de la technologie avancée, une station de très haute altitude, ou l'antichambre froide et aseptique d'une navette. L'homme est toujours refoulé par le portail, c'est une occasion. Je lui demande pourquoi il a recouvert ainsi son livre, si c'est pour le protéger. Ma question le surprend, sans que je puisse savoir si c'est ma question, son indiscrétion et la curiosité un peu brutale d'où elle émane, le simple fait qu'une inconnue l'interroge dans ce carrefour de mobilités anonymes, ou qu'elle l'interroge à ce moment précis, devant l'obstacle, en prise avec la mécanique idiote qui lui refuse son passage. Oui, bien sûr, pour le protéger, me répond-il sans me regarder. Puis les petites portes coulissent pour lui accorder de prendre la fuite. Sur l'écran de ma petite machine, je suis amusée de découvrir ce qui est inscrit sur la couverture que l'homme prévenant a choisi pour protéger son livre : *assurance maladie* ; *protection sociale*.

Il ne me vient pas à l'idée que l'homme ait désigné ainsi la fonction de son livre et du livre, une quelconque protection, assurance contre les maladies que le livre offrirait, sinon garantirait au lecteur, le soustrayant à la violence du monde et lui permettant de comprendre sa propre vie, de se l'approprier s'il l'avait perdue, et son sens. Je crois davantage au redoublement de son geste, à la protection du livre plutôt deux fois qu'une, par l'enveloppe supplémentaire, sa seconde peau, et les inscriptions qu'elle porte, triviales, pragmatiques, mais sibyllines dans leur rudesse, comme des invocations. Et je m'étonne encore mais ce n'est plus de me voir infliger par la dérobade une frustration. De quoi le livre doit-il être protégé ? Faut-il faire attention aux livres ? De quelle attention faut-il faire attention ? Quel soin ai-je toujours pris de mes livres ? Pas assez ?

Longtemps, ne pas écrire sur les pages, ne pas souiller l'écriture par l'écriture. Celle qui compte et celle qui ne compte pas. Le petit carnet de notes à portée de main. Rage d'avoir encore égaré le stylo dans les draps. Puis écrire dans les marges, mais au crayon. Léger, léger. Croix, accolades, vagues. Vagues verticales et vagues horizontales. Coder. Haut et bas, haut et bas de pages les mots clés, tracer le répertoire qui permettra de revenir, circuler vite, aller au but, droit. Souligner, extraire. Ne pas trop souligner, la ligne continue qui noie. Rage d'avoir encore égaré le crayon dans les draps. Corner. Un petit triangle, le pli. Léger, léger. Double-corner. Triangle en avant, en arrière. Décorner. Feuille A4 pliée huit fois, pliée seize fois, découpée à l'ongle et à la main. Collection. Marque-pages, onglets, les perdre, ils s'envolent, ils glissent à l'interstice, au cœur, secouer le livre, on tient un oiseau inerte par les ailes comme pour lui apprendre le vol, les retrouver. Post-it. Coller. Cela colle tout, toute la poussière, cela ne colle plus du tout. Carnage. Gommer. Rage de froisser la page, pire. Technique, le flanc de la main gauche bien à plat, en forme de mâchoire de crocodile enfantine, de tête de chien affûtée, l'art des ombres chinoises, tirer un peu sur le papier pour le tendre, tandis que la main droite frotte doucement. La bonne gomme. La blanche et dense qui ne trahit pas. Rage de l'avoir encore égarée dans les draps. Trop pressé. Carnage. Les pelures, les chasser, comme aux étapes ultimes des coups de soleil l'été, retrouver la peau pure en dessous, un peu plus molle et fragile. Souffler. Balayer de la main, encore une fois. Laisser ou effacer ses traces ? Annoter tous les livres sauf les livres d'art et les Pléiades. Le papier bible. Se froisse immanquablement. Fixer des règles. Pas les Pléiades, pas les livres d'art. De toute façon sur les livres d'art le crayon ne marque pas. Toujours lire un crayon à la main. Ne plus savoir lire. Sans crayon ne plus savoir lire. C'est autre chose. Crayon de parcours de golf, crayon clip, crayon marque-page. Ou bosse, vague, dans le livre. Pli, déformation. Un livre digérant un crayon après dévoration (les dessins de Saint-Exupéry pour *Le Petit Prince*). Fantasmer le crayon plat, comme les allumettes publicitaires couchées dix sœurs dans leur pochette carrée. Le crayon à perdre. Il se glisse à l'interstice, au cœur, secouer le livre, lui faire rendre tout ce qu'il a dévoré. Perdre.

Accepter. Perdre tous ses crayons. Réapprendre à lire. Lire pour se souvenir. Lire lentement, revenir. Retenir. Numéro de page, géographie de la page, architecture du texte. Savoir circuler. Retrouver. *Ars memoriae*, certains livres comme des châteaux aux innombrables pièces sues par cœur, savoir prendre le moindre escalier, ouvrir la moindre porte. Chaque livre comme autant de pièces de son château-corps. Devoir relire. Se perdre. Réapprendre à se perdre. Réapprendre à errer. Plus aucun crayon, plus aucun signe. Se perdre. Ne plus rien sciemment conserver. Laisser filer. Réapprendre à perdre.

Saccager. Oser le saccage, le sacrilège. On m'offre la photographie de cet homme dans le métro, un très vieux monsieur qui ne sort plus souvent, lisant un livre incomplet, un morceau de livre, une liasse de pages qui ont, visiblement, été arrachées. C'est qu'il est un très vieux monsieur et que les livres sont lourds. Lorsqu'il sort de chez lui, ce très vieil homme, c'est déjà une épreuve de faire les pas, de ne pas tomber, de traverser les rues assez vite, prendre les transports en commun, descendre les marches, ne pas se tromper, alors avant de partir, il dépèce son livre pour pouvoir poursuivre sa lecture, il n'a aucun scrupule, lire est plus important que tout et il n'a plus le temps. Le vieil homme carnassier n'est que le monstre d'un autre petit plaisir d'infamie :

à mi-chemin, ce mi-chemin variable selon l'épaisseur et la façon des volumes où la lecture devient inconfortable parce que l'ouverture du livre n'est pas suffisante et qu'il faut alors choisir entre des contorsions précautionneuses et le geste hérétique, cette jouissance barbare, euphorie transgressive et coupable, de casser la tranche, et de faire apparaître ainsi tout le long la ride irrémédiable, courant le risque de fragiliser l'encolure et de perdre des pages.

J'aime les livres neufs, toucher, odeur, fétiches. Je les aime une seconde. C'est une époque de leur amour très brève. Je les glisse dans mon sac, dans mon lit, c'est déjà la vie. J'aime les livres neufs aux occasions particulières, à Noël sous le sapin, pour mon anniversaire, et leur nouveauté durera tout le jour, leur nouveauté reine d'un jour, un jour de caresses, la main à plat, de flair, d'ouverture à peine, ce qu'il faut pour glisser le regard, les doigts, l'œil, le nez, organes de contemplation, instruments du cadastre. Je les aime un jour. C'est déjà fini. Le premier accroc, la première trace, ces nuées qui apparaissent sur la couverture, me libèrent.

Mon blessé que je préfère, c'est celui de la noyade : *Les Années* d'Annie Ernaux, tombé dans l'eau de mon bain avant même que j'en aie commencé la lecture. Je l'ai repêché aussitôt, fait sécher, je l'ai sauvé et je l'ai lu tout poreux, gondolé, gonflé, beau comme s'il avait beaucoup vécu, comme s'il avait traversé exactement toutes ces années, non, comme s'il en avait descendu le fleuve, tumultueux, intime, historique, pour me parvenir, et me sauver moi, à son tour, me débattant dans mon propre fleuve.

Quand les livres sont dans la vie, ils n'y sont pas des objets comme les autres. Ils font leur part. Ils participent aux drames de la vie, ils décident de la vie.

Nous vivions, séparés sous le même toit, depuis quelque temps déjà, *le père de mes enfants*, nos enfants et moi. Nous avions chacun, lui et moi, des amours indépendantes, des tentatives d'amour ailleurs, d'amours autres. Parfois, nous pouvions trouver chez l'autre une écoute nécessaire. Nous devenions l'un pour l'autre un paradoxal confident, le dernier conseiller imaginable, et pourtant le premier. Il y a là sans doute une incongruité malsaine, une forme d'inceste sophistiqué, par alliance, mais la familiarité que fabriquent presque vingt ans d'existences mêlées, autant que le temps de l'enfance et de l'adolescence auprès de parents qui eux aussi ont vécu avant de nous connaître, me semble expliquer cette faiblesse. Parfois, je me réjouissais du temps futur où, les enfants grandis, je ne reverrais cette personne qu'aux solennelles et grandioses occasions des vies conformes, ou en cas de tragédies (toucher le bois de la table en écrivant cela). Mais la plupart du temps, dans une réciprocité de loyauté tenant pour nous à ce que nous avions ensemble créé des êtres, parce que nous avons besoin d'un ultime refuge d'absolu, je savais que nous serions là l'un pour l'autre. Merveille du conditionnel, capable de synthétiser le futur, le présent et le passé.

C'était un jour d'oisiveté totale, doux et casanier. Je lisais dans la chambre redevenue mienne, dans le lit étroit qui lui donnait l'air d'une cellule monacale, exactement l'écrin dont j'avais besoin, d'un sevrage sentimental. Je lisais *L'Amour, roman* de Camille Laurens. Elle y tresse trois fils : une lecture des *Maximes* de La Rochefoucault, l'archéologie conjugale et amoureuse des femmes de sa famille et la chronique de sa propre séparation d'avec le père de ses enfants. Pour des raisons que je dois taire, parce qu'elles ne m'appartiennent pas, j'avais lu la veille au *père de mes enfants* à moi un passage du texte de Camille Laurens, forcément sur l'amour : « Il n'y a rien à faire. » À la tombée du jour, il a fait irruption dans ma chambre, me demandant de retrouver le passage que je lui avais lu, dans l'instant.

Il fut un temps où j'aimais répondre à cet empire, où je savais contenter toutes ces urgences. Plaisir d'enfant détrôné par la peur, qui en est la composante cachée, plaisir de satisfaire et peur de ne pas, liés comme les deux faces de la médaille reçue symboliquement en cas de succès, et sous peine de ne pas mériter l'amour, d'un abandon faute de satisfaction donnée, d'endurer sinon la colère, du moins le déplaisir (la gueule, le silence, la tristesse) de l'être aimé. Une habitude calcifiée dans l'enfance.

J'ai commencé fébrilement à rechercher la citation. Mon esprit la situait sur une page de droite du livre de poche, je le feuilletais à rebours, je scrutais toutes les pages de droite, consciencieusement, sans la trouver. *Le père de mes enfants* me pressait. J'avais besoin de calme, de temps. Mais peut-être n'étais-je en fait qu'une confidente impossible, authentiquement perverse, qui désirait ne pas l'aider ? J'ai dû élever la voix, à l'orée de la panique, pour réclamer ce temps et ce calme nécessaires à l'accomplissement du service qui m'était demandé. Si je l'ai fait, je sais que c'est sous l'effet de l'angoisse montante, celle précisément de ne pas donner satisfaction. Les angoisses se contaminant, se nourrissant et s'entretenant comme des feux conjoints, *le père de mes enfants*, sous l'effet de la sienne, a décrété ma mauvaise volonté et ma mauvaise foi. Il est ressorti de ma chambre sans le texte, laissant une sentence en suspens : ce n'était pas la peine de continuer à chercher, surtout pas de trouver la page du livre réclamée et de la lui apporter, il n'en voulait plus, il n'en voudrait pas, c'était à la seconde qu'il en désirait le secours, et il était déjà trop tard.

Je n'étais pas encore capable de ne pas me sentir en faute, et de ne pas en souffrir. Parce que la vie est un principe fondamentalement ironique, à moins que je ne sois aussi perverse qu'elle, à peine *le père de mes enfants* avait-il disparu de ma chambre, que je retrouvai la page.

Je ne suis pas fière de moi.

Après avoir retrouvé la page, j'ai demandé à notre fille d'aller l'apporter à son père. Je devrais dire, en réintégrant l'esprit de rage qui m'habitait d'avoir été constatée incompétente, à la fois d'en être convaincue et d'être convaincue d'une injustice, de la lui fourrer sous les yeux et de lui apprendre une once de patience. C'était ignoble. C'est impardonnable. Ça l'est d'autant plus que je suis persuadée que je savais parfaitement, pour bien connaître son père, ce que je faisais, au-devant de quelle réaction j'envoyais ma fille à ma place, ce à quoi je l'exposais. Ce savoir ne signifie pas que je l'y aie envoyée consciemment *pour* cela, mon prétexte fut la paresse et c'est peut-être pire : je n'avais pas envie de sortir de mon lit, du recueillement douillet de l'oisiveté et de la lecture.

Ma fille a apporté le livre à son père. J'ai entendu ma fille se mettre bruyamment à pleurer. Ses cris de protestation. « Mais c'était un livre ! » Elle est revenue vers moi. Elle tenait le livre dans ses mains, déchiré, en morceaux. Ce n'est pas rien de déchirer ainsi un livre. Il faut déchirer la couverture, puis plusieurs fois les pages intérieures. Il doit opposer une certaine résistance. J'ai pensé à un animal égorgé et dépecé, qui gisait entre les mains de ma fille qui criait et pleurait parce que c'était un livre, et ce que j'entendais, c'était le scandale de la destruction de l'être innocent et sacré du livre, mais aussi le saccage de ma fille redoublant et effaçant le saccage du livre. Son petit frère assistait muet à la scène. Le massacre des Innocents, mais n'est-ce pas ainsi toujours ? Son père s'est excusé, il a tenté de la calmer, et continuant à crier en pleurant, elle nous a insultés, à la mesure de la gentillesse de sa personne et de ses onze ans, elle a déclaré qu'elle en avait assez de nous, de nos disputes (s'il y en a eu, ici ce n'en était pas une), et a fini par prononcer une requête qui, si la scène n'était pas dramatique et poignante par son intimité, parce que c'est ma fille, pourrait relever d'un espiègle génie comique : « je veux voir un psychologue ». Pendant tout ce temps, je n'avais pas bougé de mon lit, qui était mon refuge mais aussi ma pénitence, et pendant tout ce temps de la révolte de ma fille, je pleurais moi-même et à la fois je riais. Je pleurais parce que je n'étais pas fière de moi, j'étais désemparée pour elle et contre moi, mais je riais parce qu'elle tenait tête à son père, à moi-même mais est-ce que ça comptait, à ce *nous* qui ne serait plus *nous* que sous la forme d'*eux*, pour elle et son frère. Je riais parce que j'étais fière d'elle.

Depuis quelque temps déjà, j'observais le changement en elle. Le déploiement de l'adolescence, qui couve longtemps son premier élan. Une robe blanche, une fleur dans les cheveux, un printemps dans le square Édouard-Vaillant, le square des premiers pas, des premiers bacs à sable. Jaillis de sa bouche, ces phrases empruntées, signaux, intonations, essais de nouveaux langages, comme de celle de l'héroïne des *Fées*, ce conte de Perrault, les roses et les pierres précieuses de sa métamorphose. Même lorsque ces tentatives de poussées hors de la géographie de l'enfance prenaient le tour de la colère, même lorsqu'elle s'aventurait sur les terres de la révolte adolescente, quand cela sonnait faux et que ce faux devenait le seul vrai admirable, comment ne pas la contempler ?

Nos enfants ont consulté un psychologue, qui était aussi psychanalyste, chacun le sien, pendant quelque temps. *À quelque chose malheur est bon*. Notre fille a saisi cette crise, nos défaillances personnelles et manquements parentaux, pour la transformer précisément en une expérience dont elle ressentait sans doute le besoin, ou la curiosité, en une découverte.

J'ai conservé le livre déchiré. Je l'ai pris en photo. C'est une véritable sculpture à présent. Je n'ai plus aucun mal à retrouver la citation si convoitée, trop lente à revenir à mes yeux lorsqu'il l'aurait fallu, ou peut-être pas. Elle est à jamais marquée par le déchirement du livre, elle est le témoin clé sur l'un de ses morceaux, et pour la retrouver, il suffit de reconstituer la page, une page de gauche et non de droite, portant le numéro 186, une échancrure en arc de cercle et des franges d'autres pages arrachées contre sa marge, comme des étages de lichens blancs sur l'écorce d'un arbre de même couleur.

Ce passage que réclamait *le père de mes enfants* est la réponse à une question que pose le père des enfants de Camille Laurens, celui qui est encore, exactement comme dans notre situation, malgré les circonvolutions des désignations, son mari : « Alors vas-y, explique-moi, dis-moi ce que je dois faire, s'il te plaît, dis-le-moi, bordel ! » Cette réponse, je la fais mienne, aujourd'hui comme hier. Il n'y a d'ailleurs pas de réponse, c'est le merveilleux silence. Il faut faire confiance au rien, amoureusement, on en fait et dit toujours trop.

« Je n'ai pas répondu, qu'est-ce que j'aurais pu dire ? Ce qu'il faut faire ? Je ne sais pas – rien. Pas mourir, en tout cas. Tu as toujours mélangé les deux, Julien, l'amour, la mort, tu crois que mourir est le seul moyen d'être aimé. Mais non, même pas. Il n'y a rien à faire pour être aimé, rien : ni un discours, ni une scène, ni un livre – ni même un enfant, ni même l'amour. C'est une chance parce qu'il n'y a rien à faire – on peut s'asseoir dans l'herbe et se contenter d'être –, et c'est triste à mourir, parce qu'il n'y a rien qui puisse être fait. »

Tout a passé, sauf cela. Vivre comme on est assis dans l'herbe me semble à présent l'ambition la plus désirable.

Je me souviens exactement de l'instant où ma lecture a été libérée. Un jeune homme que j'admirais intellectuellement m'a donné une double autorisation. Il l'a donnée à la petite fille sérieuse, à la bonne élève qui ne devait pas perdre son temps et toujours finir ce qu'elle entreprenait. Nous nous tenions devant sa bibliothèque, il parlait des livres qui s'y trouvaient. Il m'a conseillé *Le Dahlia noir* de James Ellroy. Puis il a dit d'un autre livre qu'il ne l'avait pas terminé. Ce n'était pas un aveu, car dans l'aveu, il y a la conscience de la culpabilité. Non, c'était dit comme ça, en passant, simplement comme une chose possible. Ce jour-là, j'ai compris que je pouvais lire des romans policiers et que si un livre ne me plaisait pas, je n'étais pas obligée de le lire *en entier*.

Ne pas lire les livres, mais lire dans les livres. Ne pas lire les livres mais désirer les lire. Seulement et déjà désirer les lire.

Des années après, la révélation s'est transformée, l'affranchissement a pris ses aises, une ampleur à devenir incontrôlable, dilaté en une forme d'errance, molle, vertigineuse errance. Lire plusieurs livres à la fois. Ne se donner exclusivement à aucun, dans un papillonnage de plomb. Lectures suspendues, béantes, écartelées, sans savoir s'il s'agira d'une véritable suspension ou d'un véritable inachèvement, dont l'incertitude d'ailleurs durera, durera, jusqu'au bout, la fin de ces lectures ou la fin de soi. Lire plusieurs livres à la fois. Mélange. Ivresse. Jusqu'à la nausée. Deux, trois, quatre, dix. Pourquoi s'arrêter ? Ouvrir tous les livres, jouir de chaque entame. Éprouver. Pourquoi même envisager une limite ? Je tendais l'intransitivité du verbe lire comme un fil sur lequel franchir le vide.

Les livres à mon chevet formaient des architectures de plus en plus complexes, tours hautes et chancelantes, remparts, digues, escarpes. Au début, il ne s'agissait pas de ce phénomène à la frontière de la bibliophilie et de l'agencement des espaces domestiques pour lequel les Japonais ont un mot, *tsundoku*, et qui consiste à empiler les livres autour de soi sans forcément les lire, à s'en procurer plus qu'il n'est possible de lire. Mes murailles étaient faites de livres que j'étais véritablement en train de lire, parce que la lecture en commençait à l'instant même où avait point le désir que j'avais eu de les lire, et cet instant s'étirait dans la matérialisation de leur disponibilité, élongé encore en l'occasion concrète et possessive de les lire et de les tenir à ma portée. L'ouverture et l'entame opéraient un charme, jetaient un sort. Aussi bien que l'existence d'un livre qui venait à ma connaissance augmentait pour moi la réalité, le seul fait de l'ouvrir me liait à lui, l'incorporait à ma personne, en un instant. J'étais affublée de pores spéciaux, d'un système de respiration spéciale des yeux et de la peau par lesquels passait le charme des livres. Je jouissais de greffes incessantes. Le corps est la vraie demeure. Comme j'aimais ces nouvelles cellules dont je me dotais, leur prolifération patiente ou parfois vive, je ne les oubliais pas, elles prenaient leur espace, elles travaillaient en sommeil, elles infusaient une présence irradiante, des activités, des nourritures latentes, disponibles, de nouvelles vues, de nouvelles capacités, les images se bousculaient comme dans une fête des lumières la superposition cacophonique des musiques foraines. Le château de mon corps s'amplifiait, accueillant une nouvelle pièce chaque fois qu'un livre s'ouvrait, une pièce à leur taille, celle du livre et de mon corps, et puis aussitôt entrant en expansion, mes organes acceptaient leur développement inattendu, s'en faisaient une joie, ils frétillaient, somptueux de cet accroissement, formes de vie se dilatant dans des rayonnements extrêmes. Je devenais monstre.

À mesure que ma personne s'agrandissait, l'espace annexé se répandait également au-dehors, comme vomi, coulant de source sûre, se répartissait dans des lieux déjà divisés, répertoriés et organisés. Je transportais un livre de poche dans mon sac à main, c'était là *Lambeaux* de Charles Juliet et je ne le lisais pas seulement, il avait aussi fonction de talisman. Je transportais dans un autre sac de plus grande contenance d'autres livres, ceux dont j'avais besoin pour l'intérêt professionnel du moment et ceux que je lisais alors, et il fallait qu'ils soient plusieurs car je ne savais pas de quelle humeur je serais dans le métro, dans le train gris. Le matin, ce serait à peine une heure plus tard, je pouvais à peu près savoir, me douter, mais ce que je ressentirais le soir quand je rentrerais à la maison, ce dont j'aurais besoin, quand la fatigue me prendrait juste après l'euphorie d'enseigner, je n'en avais aucune idée. Il me fallait un livre pour la possible mélancolie, un livre dont un peu seulement, quelques phrases lues plusieurs fois, même prises dans la chape de fatigue, combleraient le vide ou en donneraient l'illusion, un livre pour le prolongement de l'énergie, pour la joie continuée de l'action, presque un livre pour les sens et un livre pour le travail de l'esprit. Un livre pour la force et un livre pour l'épuisement. Je les multipliais. Mon sac était lourd. Quand il était trop lourd, j'étais forcée de me délester de certains dans mon bureau qui abritait alors des livres nécessaires et des livres de secours, et aussi des livres bannis d'histoires d'amour anciennes. À la maison, dans la chambre retrouvée comme exclusivement mienne, mon royaume et mon corps encore, le chevet avait pris d'inquiétantes proportions : débordements, coulées, j'aurais voulu qu'il n'y ait pas de transition entre mon lit et la bibliothèque, qu'elle soit mon baldaquin comme elle était ma ruelle, cet espace du Grand Siècle et de chaque côté du lit, d'ailleurs je ne dormais pas seule car à ma gauche, véritablement à la place d'un homme éventuel, imitant le poids de l'homme, la gêne, la chaleur, il y avait des livres encore, ceux qui m'avaient amenée jusqu'au sommeil et ceux dont j'aurais bien voulu qu'ils m'y amenassent aussi, mais c'est un abus de langage que de dire *lire plusieurs livres à la fois*, ce n'est jamais vraiment *à la fois*, ce n'est jamais assez *à la fois*, je voudrais que ce soit comme une solution saline, tous les livres en une seule prise, en intraveineuse ou en rêve.

Des livres pour chaque pièce, chaque heure, chaque disposition de l'être.

La multiplicité. Les possibles. Plus un seul. La chambre et le salon. Le métro et le train. La maison et le lycée. Je me perdais. Plus un seul un seul. Un seul être vous manque et tout est repeuplé.

C'est une protection, c'est une armure, lignes lettrées cotte de mailles. C'est une régénérescence patiente de la peau. Mais je file là-dessus des illusions, tisse l'idée d'une réciprocité, comme si ce n'était pas moi l'être à sauver, à étayer et à solidifier de son existence maladive, à rescaper de ses lambeaux, pas moi, mais eux, les livres. Je les recueille comme ils me recueillent. Livres d'occasion et livres des occasions. Je crois véritablement à notre nature commune, celle d'abandonnés, de rebuts, de déchets.

Sur le muret des grilles de l'hôpital Tenon, *La Petite Femelle* de Philippe Jaenada, là, aux côtés d'un très beau voilier en bois, un jouet d'enfant pour les rêves de voyage et de vent, en un touchant vide-grenier sauvage, en solitaire comme ces traversées que le voilier aurait pu entreprendre, et famélique.

Ce roman de Jean Lorrain, *Monsieur de Phocas*, laissé pour compte sur le banc d'un abribus, dont le portrait de la couverture me semble familier, tout à coup un manque comblé dans mon histoire de la littérature française du XIXe siècle.

Sauvetage outré pour une *Chartreuse de Parme*, car comment peut-on se défaire de ce livre-là, ce devait être au moins un double. Un cadeau ?

À trois mille deux cent cinquante-trois kilomètres de là, les éboueurs d'Ankara, tandis qu'Erdoğan fait mettre à l'index et détruire cent quarante mille livres, rassemblent ceux qu'ils récoltent dans les poubelles et finissent par installer dans une ancienne usine, elle aussi à l'abandon, une bibliothèque de cinq mille volumes ouverte jour et nuit.

La bibliothèque des éboueurs d'Ankara a une sœur en France. Je tombe sur elle par hasard et c'est mon âme sœur aussi instantanément. Elle s'appelle la Bibliothèque Fantôme et son créateur Ludovic Cantais. Ludovic est artiste, photographe et réalisateur. Il s'intéresse aux objets, à l'abandon, à la poussière, tout ce qui fait vestige, trace. Un jour, il s'est mis à recueillir les livres abandonnés dans la rue. Tout a commencé par un déménagement, la nécessité pour lui de faire de la place pour passer d'un espace à un autre, plus petit. C'est à ce moment, quand il a dû se « délivrer de sa bibliothèque », qu'il s'est mis à voir les livres dans les rues, jetés dans les poubelles ou déposés sur les trottoirs. Il a commencé à les rassembler chez lui, leur a confectionné à chacun une fiche indiquant leurs caractéristiques, le titre, le nom de leur auteur, l'année de publication, comme sur des fiches de bibliothèque à l'ancienne, celles que l'on compulsait dans de petits meubles gracieux en bois, dotés de tiroirs étroits et longs. À ces fiches surannées, Ludovic ajoute simplement la date et le lieu de la trouvaille du livre orphelin, comme le ferait un archéologue pour un tesson de céramique, un fragment d'os. Les livres, il les estampille d'un tampon qu'il a créé, un macaron en forme à peine d'ellipse, comme un sceau portant son nom et le titre de son œuvre, et au centre duquel est dessiné à traits évanescents, très simple, un livre ouvert qui semble flotter dans un vide qui le rend plus léger que tout. Ensuite, Ludovic photographie les livres, tous de la même façon, sur fond noir, en cherchant la lumière la plus neutre possible, les livres dans tout leur abandon. Parfois, il les expose, non pas eux mais leur image, invitant les visiteurs à emprunter les photographies pour les accrocher éphémèrement chez eux, tandis que sur le mur, un fantôme garde leur absence. Pour nommer son œuvre, Ludovic s'est souvenu d'un terme bien connu des anciens bibliothécaires. Dans l'art traditionnel de la bibliothèque, avant l'âge de la numérisation, un fantôme était la fiche, ou parfois, jadis, une petite planche de bois, remplaçant dans les rayonnages le livre emprunté.

Quand j'ai découvert la bibliothèque de Ludovic, je ne connaissais pas cette signification somme toute technique du mot *fantôme*, mais il n'était pas pour moi étranger au monde des livres. C'était, parmi bien d'autres, une petite machine à remonter le temps. Il me ramenait à mes années d'École, au séminaire de théorie littéraire de Michel Charles, qui définit dans *Introduction à l'étude des textes* des « éléments fantômes », « ces éléments d'un texte qui, tout en étant doués d'efficacité, demeurent en quelque sorte cachés pour laisser au texte sa lisibilité » et qui, s'offrant à l'interprétation, croisent, ou croisaient du moins dans ma compréhension, comme en une navigation nébuleuse et précisément fantomatique, la notion dont s'étaient emparés presque périlleusement mes aînés de recherche universitaire Marc Escola et Sophie Rabau, et moi invisible dans leur sillage tant elle me fascinait, celle de « textes possibles », ouvrant cet horizon vertigineux de commenter non plus seulement les textes réels, mais tous ceux qu'un écrivain avait abandonnés au cours de l'écriture, et dont ce texte à la réalité si fragile, piégée de l'intérieur dès sa propre gestation, portait toujours les traces spectrales.

Les textes fantômes, c'était aussi, un peu plus tard, ceux qui ont disparu des bibliothèques, qu'on ne connaît que par le témoignage d'autres écrits, qu'on a à jamais perdus, qu'on ne peut ouvrir que dans d'autres livres, mais aussi ceux qui n'ont jamais vu le jour, restés au stade d'ébauche, de rêve de l'esprit, ou, dans les livres aboutis, qu'on les sache ou non intègres, les textes manquants, les textes troués.

Il est tout à fait naturel que les fantômes soient protéiformes. À présent, pour moi, ce sont aussi les livres de Ludovic, qui attendent patiemment dans des cartons une prochaine exposition ou leur dissémination, privative, collective, humanitaire, un grand voyage dans le monde vers des destinations où il n'y a pas ou trop peu de livres. Et les livres entre les mains des lecteurs du métro, leur reflet dans les vitres, gages de notre veille mais aussi, dans mon histoire personnelle, d'une boucle puissante du temps. Et en fait, tous les livres. Tous ceux que j'ai amassés, dont les murets chancelants ont fini par rejoindre le *tsundoku* japonais, car il m'est impossible de désirer tous les lire, car il est impossible de tant désirer. Alors se déploie véritablement leur fonction protectrice, parce que, non lus, ils n'ont d'autre rôle que celui d'une présence talismanique qui suffit à les justifier, et c'est en cela qu'ils sont fantômes, forme de vie en attente, de vie qui s'entête, qui répond à notre appel qui est besoin d'elle, esprits tutélaires, anges gardiens, animaux-compagnons, doubles chamaniques, *nahual*, kamis de la culture, et autres génies.

Il faut être et lucide et honnête. C'était moi qui avais besoin de ne pas être abandonnée. C'était moi qui avais besoin d'être recueillie.

Après toute séparation, à moins que ça ne soit la dernière, il y a, à nouveau, une première fois. J'avais d'abord écrit à cet homme, comme on écrit aujourd'hui, échanges de mots brefs via des messageries dématérialisées, instantanés ou dans des flux d'attente qui n'ont pourtant plus rien à voir avec les rythmes lents des courriers postaux, quand il fallait savoir espérer des jours et même des semaines. Puis, nous avons dévidé les motifs d'une relation, à la même vitesse m'a-t-il semblé que les missives pressées des réseaux sociaux, la moitié d'une année qui me paraît avoir eu la durée d'une semaine fulgurante, et de la même nature virtuelle, toute faite de projections et de futurs, tant nous nous sommes peu vus véritablement, une fois seulement, et tant j'ai nourri cette histoire d'une obsession appliquée et sincère dans l'imaginaire, qui venait compenser son absence de réalité. Mais c'était la première fois après, le premier homme-après, le premier de tous ceux qui ne seraient pas les pères de mes enfants, tous ceux dont je ne voulais pas puisque je voulais me persuader, comme en une conjuration secrète, que le premier après serait aussi le dernier. Ce qu'il a été, ce qu'ils sont sans doute souvent, ceux qui passent à cet instant pour assurer en quelque sorte *la relève*, avant qu'on ne s'extirpe de la naïveté des serments, et surtout que l'on accepte de ne pas avoir besoin de quiconque pour vivre, car un autre est seulement nécessaire pour aimer, pas pour vivre. Il m'a dit : *nous sommes les derniers adultes de notre vie*. Et je l'ai cru. Et puis non. Et je l'ai dit encore, entendu encore, en souriant, c'est une phrase magnifique, mais après la première fois, qui n'était déjà pas la première, elle est l'absolu relatif qui fait sourire.

C'était l'automne. Je devais rejoindre cet homme dans sa ville. J'aurais pris le train après ma journée de cours, il serait venu m'attendre à la gare, au même endroit que la première, dernière, seule fois, nous serions peut-être partis en voiture vers les coteaux dorés, la moire géologique, les saillances des petits clochers comme des épines d'une rose alanguie et géante. Nous nous serions enfuis et cachés. Les paysages auraient eu des corps de femmes, girons amples de France au repos, comme cette seule fois magnifique au début de l'été, cette fois où je peux croire parfois que mon être intègre est resté là-bas, dans l'instant de Saint-Jean-de-Soudain, quand nous traversions les villages et comptions les fontaines pâles, quand j'avais revêtu une robe sans rien d'autre dans la cour du château, et qu'à l'orée du bois après le lacet de fraîcheur, dans l'instant de Saint-Jean-de-Soudain, dans l'après-midi lisse, il avait glissé sa main très haut entre mes cuisses. Longtemps, je suis cet instant. Ou bien il est mon refuge. Les feuillages épris, la verroterie de lumière, le murmure de la voiture, nous n'avions pas besoin de parler, nous étions les fruits de nos amuïssements. Parfois, l'instant de Saint-Jean m'a suivie jusqu'où je suis, une capsule de vie absolue dans mon corps. Parfois, il est demeuré là-bas, dans les frondes stridentes des fougères, et plus loin, à portée de tentation seulement depuis l'habitacle et la route, dans l'arcane du bois qu'elles remparent comme des assemblées recueillies de prêtresses païennes. J'avais rêvé plusieurs nuits que nous y pénétrions, que nous nous couchions dans leur temple humide, des odeurs de pluie atavique pour baume, ou alors que sans attendre l'ombre, nous jouissions debout contre l'écorce. Il avait tourné son visage vers moi, abandonnant l'attention de la route, son sourire était prudent, timoré même, exercé aux déceptions, son visage qui comprend. Mais sa main contrariait son sourire, trouvant l'audace, la confiance et la conquête.

Au lieu de cela, tôt le matin du jour où je devais le rejoindre, il m'a écrit *je te demande de ne pas venir cette fois*. Une raison valable, sa peur, celle d'être découvert, celle d'être tenu pour le salaud dans la déchirure d'un couple, une séparation qui traînait, me rappelant la mienne toute fraîche, mais plus grave parce que dans la déchirure se tenait un tout petit enfant. Déjà, un mois après l'instant de Saint-Jean-de-Soudain, je n'avais pas pris le train pour le retrouver comme nous l'avions prévu, mais un autre, qui m'éloignait, me ramenait chez moi, au dépassionné, sacrifiée. La même raison valable. *Cette fois*. Il y aurait une autre fois encore, à l'entrée de l'hiver, qui elle non plus ne serait pas, et je déciderais que c'était la dernière.

Dans le train de banlieue gris, la femme qui lisait n'a pas levé les yeux sur mes larmes car je n'existais pas. Je me suis assise en face d'elle. C'était une dame. Elle n'avait pas tout à fait sans doute l'âge de ma mère, mais on a aussi l'âge d'un vécu, d'un pays, d'un mode de vie, d'une classe sociale. Faut-il cesser de pleurer parce qu'on n'est plus seul ? Je n'ai jamais voulu être un spectacle. Dans sa manière d'être, ses vêtements, sa coiffure, casque presque de couleurs mêlées de tous les âges, le blond cendré par le gris et le blanc des années, elle avait quelque chose de rude, d'entreprenant, une rigueur et une stature. Je déliquesçais. Bien sûr je regardais ses mains, au dos desquelles l'âge s'avoue, qui tenaient un livre que je connais bien, dont je suis inséparable, *Le Ravissement de Lol V. Stein*. Sur la couverture de cette nouvelle édition, ce n'est plus le Rothko rouge de ma jeune lecture fascinée, viens Tatiana viens danser, viens sous le préau vide dans les bruits moites de l'après-midi vide de la ville, ma lecture présomptueusement et exagérément augurale, le rouge poreux d'une passion, une buée. Sur la couverture, c'est aujourd'hui la photographie froide d'une promenade de planches le long de la plage, Trouville sans doute, et peut-être la dame y passe-t-elle des vacances en toute dignité. J'aurais préféré le champ de seigle. J'ai pensé, cette femme, elle, de quel abandon est-elle née ? Il y a la présomption de se croire unique, seul dans son sentiment, et puis la modestie raisonnable et préférable de s'accorder de croire que tout le monde vit la même chose, que les vies sont assez longues et complexes pour que des motifs en nombre limité, communs, s'y retrouvent, les composent entièrement, et nous rapprochent.

J'avais fait mon lot de l'abandon, une marque au fer rouge, une fiction de victime, haïssable. De Lol, ma sœur. Dans cet égarement, j'avais endossé cette souffrance, que porte son nom, petite Dolores. Mais Lol n'est pas seulement laissée au cœur du bal, derrière les plantes vertes (ses fougères domestiques ?), ce n'est que la préhistoire. Lol dérobe aussi, ensuite, son amant à son amie d'enfance. C'est l'histoire. Qu'ai-je besoin de l'enfance ? Lol vole son amant à l'une de ses connaissances. Lol est, à son tour, la ravisseuse. Voilà ce que contient le livre. De quel aveuglement n'avais-je pas vu cette évidence ? De quelle inclairvoyance étais-je habitée ? D'une certaine manière, je payais, vengeance, châtiment, juste retour des choses. Je m'étais moi aussi glissée dans la fragilité d'un couple, sans vergogne, sans égard pour le petit garçon qui déjà le déchirait.

*« La nuit avançant, il paraissait que les chances qu'aurait eues Lol de souffrir s'étaient encore raréfiées, que la souffrance n'avait pas trouvé en elle où se glisser, qu'elle avait oublié la vieille algèbre des peines d'amour. »*

Comme la lectrice ne me sembla pas me ressembler, comme il ne me sembla pas que plus tard je lui ressemblerais, mais comme nous étions semblables au-delà de nos apparences et de nos conditions, comme elle était là et avec Lol, qui est métonymiquement le roman de Marguerite Duras et aussi grâce à lui un être dans le monde plus familier qu'une femme inconnue que je ne recroiserais jamais, j'ai peut-être pris congé ce jour, au gré d'une étrange identification inversée, une anti-identification dont l'effet égal cependant opère, de l'abandon, de moi comme abandonnée. Car tout à coup je n'eus pas le sentiment d'un abandon, mais que les choses suivent un cours, adviennent, et c'est ainsi.

Il m'avait offert *Pereira prétend* d'Antonio Tabucchi, c'est le seul cadeau qu'il ait eu le temps et l'occasion de me faire, mais ce n'est pas seulement son seul cadeau : il m'avait aussi lu les premières pages à haute voix dans la chambre d'hôtel où nous avait conduits l'itinéraire passant par Saint-Jean-de-Soudain, couchés à plat ventre sur le lit comme des enfants, avec sa grâce de chuchotement, sa justesse poignante et sa retenue drôle. J'ai continué à lire le livre en entendant le bruissement de sa voix, qui m'accompagnait dans les rues de Lisbonne, sa voix qui me tenait la main dans les rues de Lisbonne, lors du voyage amoureux que nous ferions un jour, mais que nous n'avons pas fait. Je n'ai jamais fini ma lecture de *Pereira prétend*. J'ai abandonné ma lecture. J'ai osé l'abandon. Je l'ai laissé là, en plan, ouvert, en lecture, parce que je voulais que rien jamais ne finisse et que j'ai pensé que si je finissais le livre, quand je finirais le livre, cette histoire prendrait fin, alors je n'ai pas fini de lire ce livre et cependant, malgré ma précaution superstitieuse, cette histoire a pris fin. Elle s'est achevée, non au moment de ma décision de ne plus espérer revoir cet homme un jour, de le revoir dans des circonstances apaisées, celles tout simplement d'une histoire possible, mais quelque temps après, un temps long, une poignée d'années, parce que j'ai changé. Ce n'est pas que je crois plus en l'absolu, même l'absolu de l'amour, c'est que je n'en ai plus besoin, il ne m'intéresse plus. Je préfère sa vie, son expérience, son immanence. Et m'y abandonner.

Je pensais à Don Juan. Je voyais Don Juan marcher au milieu d'une assemblée innombrable de femmes, une forêt de seins et de chevelures. Elles étaient toutes blanches et elles crépitaient comme des feux de paille, des bourgeons. Don Juan fermait les yeux, il respirait l'insoutenable parfum des femmes, un kaléidoscope d'exhalaisons, tous leurs parfums mêlés, leurs fleuves de couleurs et de paillettes éclatantes, parce qu'elles riaient aussi, leurs indolences, leurs grâces, il les essayait toutes les unes après les autres, allait de l'une à l'autre, il ne bornait jamais son désir, il ne s'arrêtait jamais, aucune ne l'arrêtait jamais. Que cherchait-il ?

Il est arrivé un moment où l'abondance des livres m'a submergée. Les lectures simultanées, la frénésie d'ouvrir toujours un nouveau livre, de m'entourer toujours de nouveaux livres, les photographies quotidiennes de ma collection, tous ces phénomènes de nombre et de profusion. Ça poignait en moi tous ces livres et dans cette angoisse, je pensais à Don Juan. Je pensais à quinze années à oublier sans effort le multiple, à me concentrer sans qu'il m'en coûtât rien, et je pensais à ce que la fin du seul, cette fin pourtant désirée, justement désirée, vous jette dans la gueule du choix. Et je pensais aux centaines d'hommes que je croisais, aux dizaines que je photographiais, aux poignées que je côtoyais, aux quelques-uns de plus près, quelques-uns plus rares encore auxquels je mêlais mon corps, et c'était déjà trop, au nom d'aucune morale, ces hommes dont le passage ouvrait un peu plus les cratères blessants du monde, sollicitait mon avidité et ma curiosité et mon désir comme les livres.

J'avais toujours cru que Don Juan cherchait la seule femme qui l'arrêtât, qui fût capable de cela, que le nombre, la fuite et la fringale, l'errance, n'étaient que le prix, l'épreuve. Je me suis mise à parler du *père de mes enfants* parce que c'était la seule expression qui le ramenait à l'unique, qui ramenait l'unique. Je pensais qu'ouvrir tous les livres, se jeter dans tous les livres, c'était prétendre au seul, au définitif. Il y avait *le père de mes enfants*, puis un autre homme, des serments d'absolu, et puis d'autres, et après, forcément, en contraste, si ce n'est un c'est donc la foule, même maigre, et ses petites canines de la relativité. Je pensais à Don Juan. Je comprenais Don Juan. Je me rendais compte que prendre en photographie les hommes qui lisent dans le métro, c'est prendre en photographie des hommes, et, pour peu qu'ils soient assis, fatalement, parce que c'est ainsi que les hommes lisent, prendre en photographie une certaine zone de leur pantalon. Dans le métro, il y avait des forêts et des forêts de livres, mais aussi des forêts et des forêts d'hommes, plus un seul, des forêts de sexes drus et de regards, des forêts de possibles, et plus un seul possible.

Puis, peu à peu, sans pour autant perdre la présence de trop de livres, mais en abandonnant le désir de tous les lire, en acceptant qu'ils soient là simplement, comprenant qu'ils pouvaient être là autrement qu'à lire, dans une force posée et bienveillante, je fis un effort sur moi pour rassembler mon attention. Je revins à un nombre raisonnable de lectures simultanées. Je contins l'éparpillement. Je revins à l'achèvement. Je redevins capturable. Éprise d'un seul pendant ce qui était son temps, ou de deux, trois, aux territoires distincts, ordonnés, et qui pourraient se prolonger au-delà, un peu, peut-être toujours. Je me donnai le temps. Et je fus apaisée.

# UN SEUL

Il se rencontre, rares, dans le métro parisien, des Japonaises qui lisent. Elles semblent votives. Elles sont floues parce qu'elles sont d'invisibles cordes tendues et qui vibrent sans l'intervention d'aucune force extérieure. Il y a un point central deviné en elles, très loin, un cœur de bête, un *kami*, l'esprit japonais, dans la concentration de l'airain. Le plus beau c'est quand elles sont seules, piégées dans les heures creuses comme des apparitions imprudentes, nimbées. Mais même lorsque la foule est dense, poser un regard sur elles assez longtemps les détoure, suffisamment pour percevoir le corps astral auquel elles donnent naissance, une gloire millénaire et désuète, gardienne des traditions et des révoltes couvées par des bruissements de femmes.

Elles lisent avec des mains pelliculées de gants de couleur claire, des gants de peau ou de soie qui les joignent par teinte et texture à deux espèces souveraines du grand règne animal, les dignes antilopes, saïgas dorés, algazelles, oryx aux cimeterres, et, dans le domaine ailé, alliant la légèreté du jour à la nuit, le vif nocturne au duvet, les sphinx, les silènes, les hespéries. Ces mains à demi couvertes inventent une grâce dodue des insectes, car leurs phalanges pourraient être des phasmes repus, ou le pas de poulpes célestes, couvertes à demi, je veux dire une sur deux, pour la commodité de n'être pas seulement surprises dans l'attitude noble de lecture mais aussi de tourner les pages, cette pratique d'effleurement, d'envol ou de nage, en tout cas de majesté. La précaution redouble leur chair, les oint, les carapace, alors même que l'enveloppement ne semble pas destiné à leur propre protection, celle de ces organes aux doigts si fins, aux ongles comme des dents de lait d'enfants trop grands, et si éloquents que par eux elles se donneraient tout entières, mais bien à celle du livre. Il devient alors entre leurs mains l'objet de leur attention, un objet auquel leur fragilité paradoxale se communique, par une osmose essentielle et nutritive, et ce malgré la pellicule de cuir ou de toile ou de délicatesse qui les isole. Elles lui transfèrent leur déséquilibre dans le monde, leur vacillation si bien cachée, elles qui pourtant paraissent si posées, si assurées que de cet ancrage on ne peut que se sentir illusionné. Si elles paraissent calmes et campées, pondérées, évidentes et impériales dans le trône du réel, c'est parce que précisément elles flottent, vaquent sans paraître ciller car l'oscillation est aussi puissante que minime, élixir, affleurent, sans cesse menacées par l'évanescence, l'effacement, toutes ces échappatoires que leurs silhouettes tenaces tâchent de circonscrire à force de précision, de discrétion, d'acuité. Parfois leurs mains sont nues, mais elles jaillissent alors d'une gerbe de fibres qui semblent créées à mi-chemin de la vapeur et du ramage, prélevées sur un oiseau qui aurait lui-même emprunté au ciel son plus friable échantillon de nuée. Rose. Nacre. Parure de flamant trop pâle pour la horde, de soir mièvre, pastel. Leur couleur tutoie le gris métal mat, comme un lait qui aurait fantastiquement tourné à l'orage, de notre habitacle à tous. Leur immobilité est admirable. Le livre n'en paraît que plus fluet, plus statuaire, ex-voto pour le silence, oiseau lui-même sans aucun risque de chant ni d'envolée puisque à l'image des mains de porcelaine, leur complément, il est un bibelot cassable, un biscuit, un vieux Sèvres charmant sous l'émail, issu de cuissons patientes, un livre fossile de pierre tombale.

Les Japonaises lisent des livres que leur langue écrit comme la pluie. C'est ce qui me bouleverse je crois. Grâce à elles, tous les livres retournent au simple, à nos existences atmosphériques, sous l'averse, au cycle de l'eau qui nous compose, la pluie qui traverse, les signes sur la page crème, la pluie sur un ciel de peau. Grâce à elles, tous les livres retournent au poème. Toutes les pages de tous les livres sont le calligramme d'Apollinaire, sans cesse recommencé par notre indéchiffrage, notre étrangeté, sur toutes les pages l'onde oblique et tremblante d'« Il pleut », les cinq brins chétifs comme les doigts d'une main qui serait un souvenir de guerre en cours et d'une guerre encore à venir, *Poèmes de la paix et de la guerre*, ou une griffure d'enfance, cicatrice, couture, la pluie sur un ciel de peau. Ça danse sur les lignes qui chancellent, quelque chose danse, entre le micro-organisme, plancton sublime, et le sens devenu matière, quelque chose danse qu'on ne saura pas. Les lettres titubant détissent le texte, et c'est bien à la danse que retournent les livres japonais, à la danse, cette hésitation si précise, la petite ivresse, et aussi une forme abrupte de joie, par leur écriture de trois espèces de caractères mêlés, *kanji, hiragana, katakana*, dont la forme propre rappelle la mauvaise couture, le fil fin et noir en bataille, et le zigzag dans l'air matinalement brumeux des duels, le vol désagrégé des étourneaux, et l'énergie des caprices, ces caractères triples dont l'alternance explique la minuscule anarchie que l'œil perçoit et goûte (ô goutte) dans le poème d'Apollinaire de près comme de loin, la révolte furtive contre l'ordre, la rectitude, la nécessité.

Entre les colombes d'ivoire des Japonaises, le livre japonais est aussi d'une taille réduite qui en fait un objet différent des livres communs d'Occident, ceux de nos habitudes. On l'appelle *bunko*. C'est la taille des cartes postales d'ici. Nous avons nous les livres d'heures, les recueils de prières, de pensées et de sagesse, les évangéliaires comme des gemmes, les missels confits. Moindres que les livres de poche : des livres de pochettes, de sacs de soirée, d'étuis, des livres de mains juste assez grandes pour les contenir, des mains de femmes d'Orient. Elle ne naît pas aussitôt de la pluie mais plutôt de cette dimension modeste, à ma taille personnelle, mais aussi à celle de l'humilité désirée comme apaisement et dont j'essaie d'embrasser l'ombre, mon envie de possession.

Je me penche sur l'épaule de la deuxième Japonaise rencontrée. Il y a beaucoup de monde dans la rame, des corps d'hiver empaquetés. Par chance je suis tout près d'elle. Elle est assise sur la banquette, moi debout. J'observe son livre, je l'épie par-dessus son épaule, le lis sans savoir lire. Je ne vois plus d'elle que la capeline de ses cheveux, noire et parfaite, métamorphose de la renarde en un bloc de *kokutan*, qui parfois s'anime d'un mouvement qui pourrait être aussi bien celui du transport et de la foule que celui de sa lecture concentrée. Pardon. Je lui demande si cela ne la dérange pas de me dire ce qu'elle lit. Je demande le plus doucement possible, pour atténuer l'extrême violence de s'immiscer dans la lecture de quelqu'un, c'est comme interrompre la déambulation lactescente des somnambules, mais si doucement qu'elle me fait répéter. Ce n'est pas la barrière de la langue, elle parle parfaitement français, avec des inflexions d'une grande finesse accordées à son profil de renarde. Elle me répond par une autre question : lisez-vous les caractères japonais ? Non, c'est pourquoi je ne sais pas ce que vous lisez, j'aimerais savoir, j'aimerais beaucoup le savoir. Est-ce de la poésie ? Est-ce un roman ? Dans l'ignorance, c'est forcément un recueil de poèmes, ce recueil qui, à chacune de ses pages, décline le calligramme intempérique. Non. Surprise. Le livre-pluie est un roman policier.

Quelques jours après que j'ai photographié la première Japonaise, j'ai assouvi mon désir de possession.

Je vis dans une grande ville occidentale capable, comme une mère ogresse trop aimante, de satisfaire de manière presque illimitée la plupart de mes caprices. Je peux jouir la plupart du temps, par les conditions matérielles qui sont les miennes, de cette capacité. Je vais pour la première fois dans la plus grande librairie japonaise de Paris, rue des Pyramides. Je dis la plus grande, j'ignore s'il en existe d'autres. Je ne parviens pas à savoir ce que signifie son nom, *Junku*. Mon fils m'accompagne. C'est lui qui nous guide à partir de la bouche de métro par laquelle nous avons rejoint la surface, en un jeu d'orientation qu'adorent ses huit ans exploratifs, et qui me contraint, au fur et à mesure de notre progression, à abandonner le règne de la maîtrise, le règne de la compréhension, mon règne, comme une épreuve préparatoire à l'oblitération d'un sens surnuméraire, celui du déchiffrement, continuant cependant à voir, pour me confier à une cécité lumineuse, à la candeur régressive que suppose le premier contact avec une langue nouvelle et indéchiffrable.

Je tiens la main de mon fils. Il me dit *c'est là*. Nous poussons la porte de la librairie. À l'intérieur, elle ne ressemble pas à mes librairies familières. Elle n'a pas leur feutré, leur atmosphère tamisée, c'est au contraire un lieu très clair et plein de couleurs. Sa clarté en fait une espèce d'espace dedans dehors. Son plafond est recouvert de plaques de matière blanche comme on en trouve dans les bureaux ou les locaux industriels. Au sol, un damier jaune, bleu et gris. La présentation des livres diffère surtout : ils ne sont pas seulement rangés sur des étagères murales ou disposés à plat sur des tables, mais aussi sur d'autres étagères qui montent presque seulement à hauteur d'homme, alignées au cœur de l'espace, en rayons modestes, si bien que la librairie ressemble à une petite épicerie de livres, pratique, acidulée, dépassionnée, une épicerie telle que celles qui ornent les entrées des campings que je fréquentais enfant. Dans les rayons, les livres sont ensuite répartis selon leurs langues, c'est-à-dire leur langue originale et leur langue de destination. Il y a les traductions françaises du japonais et parmi elles quelques égarés d'auteurs français ayant écrit un livre japonisant, et les traductions d'auteurs japonais écrivant dans une autre langue que la leur, puis il y a les livres japonais en japonais et, entre les deux, comme une ligne somptueuse, mince, de partage, quelques étagères de traductions japonaises de grands classiques de la littérature française.

Ceux-là m'arrêtent, m'émeuvent, je ne m'attendais pas à les rencontrer, dont l'idée ne m'avait même pas effleurée, il est pourtant évident et simple qu'ils existent. J'appelle mon fils pour qu'il vienne les voir, je suis heureuse et flattée qu'il soit capable de partager mon étonnement, mon éblouissement, cette stupeur et, ce n'est pas autre chose, ma tendresse. Sur des couvertures aux couleurs moins saturées que les autres, dont les illustrations me semblent présenter plus de raffinement que les autres, à moins que ce soit l'interprétation de ma reconnaissance qui épure, cette familiarité qui nous flatte, des caractères *r maji* dévoilent les œuvres de Victor Hugo, de Baudelaire, de Jean-Jacques Rousseau, de Françoise Sagan. Dans sa traduction japonaise, *Le Spleen de Paris*, poème après poème, se déprosifie, comme on détisserait une toile, découdrait une couture, alors même que, clamant tout et son contraire, *hiragana* et *katakana* brodent les cils de dizaines d'yeux qui clignent, comme le cinglement de tout petits fouets, lacent leurs nœuds marins noirs, fustigent les ciels chairs des pages d'averses dispersées, accomplissent le règne poétique de l'image. Les *Rêveries du promeneur solitaire*, dans sa traduction japonaise, sont un retour à l'origine, aux doigts expiants de Rousseau, quand il cueillait sur l'île les brins qui s'offraient, le mouron, le cerfeuil, la bourrache et le séneçon, c'est la moisson d'herbes jetée là en dessins, comme un jeu rustre de jonchets, un bucolique mikado, l'originel herbier de signes. Légendant de sa main une illustration en double page de *L'Empire des signes*, une photographie d'un fragment du manuscrit Ise-shû du XIIe siècle, sur lequel les signes calligraphiés se superposent à des dessins irréguliers de petites et grandes feuilles, Roland Barthes a écrit : « Pluie, Semence, Dissémination, Trame, Tissu, Texte, Écriture. »

Je suis venue à la librairie japonaise pour posséder un livre japonais. Et pour un seul livre. Les traductions japonaises des écrivains français historiques me font très envie, une terrible envie, mais je dois suivre mon désir premier, aller au bout de ce qui a commencé à se faire jour avec l'amoncellement des livres dans ma chambre, avec la constitution de la collection des lecteurs du métro, cette thésaurisation multiple qui vide le livre de sa fonction pour révéler et ne conserver que sa substance nue, sa qualité de lare, d'objet magique. Pour cela, il me faut choisir un livre sans rien en savoir, sans rien même y comprendre. Un livre sans les mots. Un livre sans le secours des mots, sans l'épaule du sens. Un livre qui ne soit pas pour autant un livre d'images, mais qui serait malgré tout le livre d'une image. Souvent, sur la couverture des *bunko*, il n'y a que des caractères. Ni photo ni dessin. Mais leur agencement relatif sur la page, leurs différentes tailles et couleurs, leurs diverses natures, les quatre systèmes graphiques japonais, et l'absence de sens qu'ils adressent au profane, composent immanquablement une image, et une image signifie toujours par ce qu'elle représente, même abstraite, en plus de signifier en sa qualité d'objet dans le monde. Ma quête était vouée à l'échec, mais ce que je voulais, c'était réduire intensément cet échec. Ce que j'aurais voulu, c'était bien cela, un livre sans les mots, sans le sens des mots, sans image, sans le sens de l'image, un livre cependant livre, écrit, pas un simple carnet vide dans l'attente, et tout de même à écrire. Un livre-pluie, une broderie, un livre échevelé, herbes folles. Un livre qui tende ainsi le plus possible à sa nature d'objet dans le monde, et qui n'offre plus rien que de croire à sa magie. Mais le choisir, sans pour autant tout laisser au hasard. Absurdité merveilleuse de la langue : *choisir au hasard*. Impossible.

Je reste longtemps devant les étagères. Mes doigts caressent les livres. Je les prends et les repose. Comme si leur poids pouvait m'apprendre quelque chose, quelque chose de plus que rien. Longtemps. Je suis enfin une aveugle qui voit en touchant. Les livres sont lisses. Le plus difficile est de ne pas se raccrocher à l'image quand on n'a pas les mots. Mon fils s'impatiente. Il m'extirpe de mon hésitation. Je capitule, accepte un échec un peu plus grand que prévu, et de l'augmenter de moi-même puisque toute tentative de l'amoindrir est vaine. Je ne choisis pas seulement un livre dont la couverture porte une image, je choisis la seule dont l'image m'est familière. Pas seulement connue, véritablement familière, intime même.

Sur ce qui est pour nous la quatrième de couverture, puisque les livres japonais se lisent à notre envers, tronquée en bas par un bandeau noir mobile portant des inscriptions en caractères *hiragana, katakana* et *kanji* disposés horizontalement, selon le sens de la lecture occidentale, blancs et jaunes, a été reproduit en pleine page un des *Baisers* de Munch, celui de 1895, aquatinte et pointe sèche, conservé au musée Jenisch, à Vevey, en Suisse. « Un musée pour les œuvres sur papier », qui n'est pourtant pas une bibliothèque bien que les bibliothèques conservent les livres, ces œuvres sur papier. Si je connais cette gravure, c'est parce que, au cours de l'été 2014, quand *le père de mes enfants* et moi commencions à nous séparer déjà, sans y parvenir, cet été de la dernière tentative, quelques mois avant de prendre la première photographie des gens qui lisent, j'ai commencé à écrire sur *embrasser*. Les mots qui accompagnaient la gravure de Munch, pour techniquement la décrire, eux-mêmes formés d'une union, grâce à un *trait d'union, eau-forte, taille-douce*, je les avais sans doute rencontrés auparavant, mais cette fois ils me semblaient ne s'adresser qu'à moi, à mon corps même plus qu'à moi, et ne pas désigner un procédé mais l'exact objet idéal de mes désirs, être mes mots de passe. Eau-forte. Taille-douce. Je lisais sans fin la définition qui avait éclairé la nature de cette œuvre, un poème que j'aurais voulu apprendre par cœur, par le cœur, sanguinolent, ouvert comme des pionniers ouvrent une route : « L'eau-forte est un procédé de gravure en taille-douce sur une plaque métallique à l'aide d'un mordant chimique (un acide). L'artiste utilisant l'eau-forte est appelé aquafortiste. À l'origine, l'eau-forte était le nom donné à l'acide nitrique. » La définition de l'eau-forte oui, m'emportait : j'imaginais des cascades indélébiles, des brûlures ocre, j'imaginais des ongles scarifiant ma peau, longues traces blanches irrégulières ou gouttelettes de sang imperceptibles, des morsures, des poinçons semblables à ceux de la chimie. Mais dans la gravure elle-même, c'était tout autre chose.

L'homme avec lequel j'étais *nous* encore, *le père de mes enfants*, était ombrageux, jaloux de cette gravure. Il pensait que je me délectais d'y retrouver le souvenir, la présence d'un autre que lui, peut-être parce que la femme portait des cheveux foncés à peu près de la longueur des miens, ou parce que l'homme était beaucoup plus grand qu'elle, obligé de se baisser pour la jointure des bouches, qu'on ne voit pas, derrière la confusion des visages. Mais non. L'image ne m'emporte pas. Elle ne s'adresse pas à mon corps comme les mots. Ce qui m'intéressait seulement c'était cela : l'effacement des visages, la perte de l'identité. Un homme et une femme nus s'embrassent devant une fenêtre, encadrés par des pans de rideaux noirs. On est spectateur comme au théâtre, et le baiser, c'est le masque.

Dans la librairie japonaise, je cherche refuge vers cette image. Sur le dos de l'homme sans visage, une colonne, une créature figée de signes noirs. Elle est flanquée du nom, dans un autre sens de lecture, de l'auteur du livre, en caractères limpides : Hirano Keiichiro. Nom de famille, prénom, cette colonne noire que je retrouve, cette fois blanc sur noir, sur la tranche du livre. En vis-à-vis, comme porté par le pan droit du rideau noir et en lettres d'or, ce que j'identifie comme le titre du livre et retrouve, comme parfois chez nous, en haut de chaque page. Le papier en est fin, aérien, presque celui qu'on appelle papier bible, le papier des Pléiades sur lesquelles il est sacrilège d'écrire, des missels confits. Je feuillette le livre. Qu'il est doux, me dis-je. Je pense à la main douce de mon fils tout à l'heure dans la rue. Nous allons payer les livres (pour lui un cahier de jeux qui l'initieront à la langue laquée d'un pays de samouraïs et de sabres où il a concentré tous ses désirs de voyage) et nous quitterons la librairie, je reprendrai sa main dans la mienne, la colombe de soie, la douceur chair du papier bible.

Je feuillette le livre. Page 99, au premier tiers de la page crème, en face d'une page crème totalement vide, je découvre des mots anglais isolés qui me font tressaillir : *family affair*.

Avant de quitter la librairie japonaise, je demande à la jeune femme qui tient la caisse, qui a été aussi mon guide discret entre les étagères, si elle peut traduire pour moi le titre du roman que je viens d'acquérir aveuglément. La tâche s'avère ardue, elle répète des sons, les sons de ce titre insondable, comme si elle n'arrivait pas à en forcer le sens. Elle appelle son collègue à la rescousse. Ils échangent devant nous (le sourire de mon fils à l'écoute de ces idiomes) quelques tentatives en langue nipponne et elle me transmet le fruit de leurs tâtonnements : le labyrinthe, la transparence, la transparence du labyrinthe, le labyrinthe transparent, la transparence labyrinthique, en même temps, les deux, ensemble, c'est impossible de traduire. Si ce n'était pas une bonne traduction, une traduction *possible*, mot à mot (sur la page de garde je crois qu'en lettres d'or ne se découpe qu'un seul mot), du titre, c'était du moins une bonne traduction, une traduction *possible* et de mon entreprise, et du livre lui-même. Je l'ouvre et il ne pleut plus. L'alignement vertical des caractères compose cet ensemble ludique dont mon fils raffole, de segments finis, entrecroisés qui, ouvrant et fermant de manière plus ou moins complexe et perverse des dizaines d'étroits passages, tracent un chemin, un seul, celui qui mène où l'on veut aller, au bout, l'ami, l'éden, le trésor, dehors.

L'issue. Je pense à ce *nous* qui résiste, dont nous fabriquons, *le père de mes enfants* et moi, le danger de résistance. Sortir de la crise, de cette époque nouvelle de la crise, non, pas de l'amour, toujours pas de l'amour, de la fin de cet amour qui est un monstre, sa métamorphose exponentielle, hideuse, et restera pourtant amour. De cette situation. La cohabitation des corps, les corps séparés sous le même toit, les lits séparés, les corps séparés parés pour d'autres corps, la chambre qui devient ma chambre, que j'investis avec une joie infantile, souveraine, mauvaise. La partition des corps. En sortir. Deux années du labyrinthe. Trois. Cela prend du temps. Le labyrinthe est pareil au monstre, il se modifie avec le temps, qu'il dévore, troque sa perversité pour une perversité plus grande encore. *Cela* change. *Cela*, chaque jour, chaque mois change, et prend du temps.

LA BIBLIOTHÈQUE

Je possède à présent un livre que je ne peux pas lire. Je n'en serai jamais capable. C'est finalement la seule chose, *jamais capable*, qui le distingue de beaucoup d'autres livres dans ma bibliothèque, ceux que je n'ai pas lus, ceux que je ne lirai jamais mais que je pourrais lire. Cette incapacité tout d'un coup détoure quelque chose. Je suis dans ma chambre, mon espace retrouvé, sur le radeau, le livre japonais au couple de Munch qui s'embrasse est posé à ma gauche sur l'architecture, toute livresque, d'un de mes chevets, et il a l'air plus présent que les autres, écrasé par le nombre banal de ceux qui ne sont qu'imparfaitement ses semblables, malgré sa plus petite taille *bunko*, massif, de la compacité irradiante de son mystère, plein de ce cri.

Dans ma chambre, un mur seulement est couvert de livres. C'est une insuffisance de ce lieu qui désormais m'appartient comme le ventre d'une mère. Je voudrais encore parfois, malgré mes efforts de tempérance, que tous les murs disparaissent sous les livres. Dans ces accès de bibliolimie, il me semble que je ne connaîtrai de repos que quand tous les murs seront recouverts. Je rapporte des caisses de vin en bois vides mendiées chez les cavistes ou extraites des réserves de mon père, les meilleurs abris qui soit. C'est une autre époque de la forêt que je reconstruis comme si je la mangeais, comme si je me préparais aussi à l'enfanter, une nidification explicite, non d'une progéniture mais d'elle-même, le bois, le papier, les œuvres sur papier, le don des arbres. Les livres gagnent du terrain, arpentent, grimpent, tapissent, c'est mon lierre. Je convoite l'ascension jusqu'au plafond. Je n'oublierai pas l'espace au-dessus de la porte. Comment composer littéralement un ciel de livres ? L'idéal de la mansarde, un toit de livres sous les toits. Clôturer le cocon. La pièce rétrécira, cela n'a aucune importance, je voudrais qu'elle soit mon corps, une cellule dont je serais le noyau. Il me semble renaître dans la chambre. Des images sont disponibles : celle de l'utérus gravide dont l'épaississement intérieur n'est pas démenti, mais aussi celle de l'armure aux dimensions excessives, pour un corps habitat et un corps défensif, donjon, tour, fortification, et, dans le même ordre de la protection, la cellule capitonnée qui préserverait non les fous d'eux-mêmes ou les autres des fous, mais les gens ordinaires, les fous ordinaires, des agressions du monde extérieur, celle des *panic rooms* préventives et inutiles, celle de l'abri antiatomique, celle des caissons d'isolement sensoriel, celle des studios de musique, celle des bulles stériles si ce n'est la maladie, si ce n'est la transparence, l'imaginaire du nid, de la tanière, tous ces espaces modiques, clairs-obscurs et reclus.

J'avais trouvé pour nous, ce *nous* augmenté de l'amour qui prolifère en enfants, un nouvel appartement pour quitter enfin les deux pièces où nous avions vécu, à deux, puis à trois, puis à quatre, douze années. Dans le salon, la pièce commune, *le père de mes enfants* avait installé un angle d'étagères étroites, deux moitiés de mur. Dans la chambre, celle qui fut la nôtre, mon présent royaume, ce pan unique qui crie l'infirmité de sa solitude, entre le mur et l'armoire. C'est moi qui y ai disposé les livres, pesant parfaitement dans ce geste l'hommage inévitable à Georges Perec, qui, avec cette facétie on ne peut plus sérieuse, s'invite depuis 1982 dans chaque entreprise particulière de rangement, d'organisation, d'agencement, d'ordonnancement de bibliothèque, qu'on le veuille ou non. Je procédais d'abord n'importe comment, afin de me débarrasser le plus vite possible des cartons qui avaient servi à acheminer les livres de l'ancien appartement au nouveau, ce qui se réduisait presque à la traversée d'une place, puis de plus en plus perplexe, de plus en plus attentive, de plus en plus empêchée, de plus en plus architecte, en réfléchissant à cet ordre que chaque livre contribue à rapprocher et à composer dans le temps même où il l'éloigne et le met en péril, l'ordre combinant tous ces ordres possibles de rangement, ces critères qui conduisent Perec à conclure leur énumération non exhaustive que toute bibliothèque possède « une personnalité unique ».

Je la vois, la mienne, et c'est une vision qui est aussi bien celle des sens, voir, toucher, sentir, lorsque je me tiens devant elle pour y chercher un livre ou pour la regarder ou pour simplement me tenir devant elle, ou lorsque je rêve d'elle, que celle de la pensée, une vision mentale qui coïncide non seulement avec la mission sempiternelle de ranger les livres, de les déplacer, de les disposer, de les situer, de les retrouver, mais aussi avec le plaisir primaire, rassurant, de les savoir là, chez eux, chez moi, de les avoir en ma possession. Je vois donc ma bibliothèque, et je m'aperçois que j'aimerais me passer de ce nom et dire seulement « mes livres », comme un territoire dont l'épanouissement géographique serait vertical et le principe d'expansion de ces éléments, temporel, historique, autobiographique, et non spatial. Le classement de mes livres n'est en rien extérieur à moi-même, exogène. Si je me tiens devant ma bibliothèque, sans autre but que de m'y tenir, n'est-ce pas comme devant une psyché ? Ce miroir aux innombrables facettes est le plus miroir des miroirs, accomplissant parfaitement sa fonction d'offrir un reflet qui me montre à moi-même à la fois identique à ce que je suis, crois être, et différente, ce moi protéiforme, nourri, variable comme une moire, irréductiblement composé, et plus encore, ne renvoyant pas seulement l'image que je suis susceptible de produire à l'instant du reflet, mon image figée, mais la sédimentation des différents âges, et avec eux des domaines du savoir, de la pensée, de la culture traversés, où je me suis façonnée, ce que je voudrais nommer à l'instar immodeste de l'histoire du monde d'après les ères, mes époques. C'est chaque fois – se tenir là, flâner au gré des dos, chercher un livre – un parcours, une rétrospection, se souvenir des vies abandonnées aussi, respirer les mues des vies multiples.

Un jour, j'arpenterai un territoire de ma bibliothèque qui reflétera, avec le même vacillement fidèle qu'une flamme, mon être d'aujourd'hui, le travail d'aujourd'hui, où seront rangés, comme autant de fragments spéculaires de ce que j'aurais été là, et serais encore mais plus seulement, les livres qui aujourd'hui, pour écrire ce livre, m'accompagnent, m'entourent, m'étaient, me font cortège. Parmi les romans et les essais qui constituèrent alors ma nourriture au long cours, je me souviendrai des lectures plus circonstancielles, livres des livres : *Le Don des morts* de Danièle Sallenave, *Façon de lire, manières d'être* de Marielle Macé, auquel j'ai pensé chaque fois qu'ici j'ai écrit le mot *manière* ; *Lire dans la gueule du loup* d'Hélène Merlin-Kajman ; *À la lecture* de Véronique Aubouy et Mathieu Riboulet ; *La Magie du livre* de Jean-Christophe Bailly ; *Comment parler des livres que l'on n'a pas lus* de Pierre Bayard, mais aussi *Réparer le monde* d'Alexandre Gefen et le livre de Leslie Jamison, *Examens d'empathie*.

Et parmi eux, peut-être pas au même endroit qu'eux dans la bibliothèque mais appartenant à la même strate de temps, petit, caché par sa petitesse, je retrouverai émue un livre que je n'aurais pas pu lire, que je me souviendrai posséder non pour la pensée ou l'histoire qu'il contient, mais seulement pour le posséder, et parce qu'il est lui-même pensée et histoire, un élément, un vestige, un tesson de mon être vacillant et de mon histoire. Je l'ouvrirai je crois, et, dans l'averse sur la peau, Apollinaire, l'herbier, Rousseau, le labyrinthe, son texte de trombes et de semences, je crois, je me reconnaîtrai.

Tous les livres sont des herbiers. Comme leur réel imprègne le réel hors des livres, dans les livres ce dernier entre aussi. Aucun prisme de la représentation ici, c'est matériellement qu'il y entre. Entre les pages de mes chéris, je glisse des fleurs des champs, les témoins de l'instant. Lectures d'été, soleil, les enfants m'ont cueilli de minuscules bouquets de fleurs simples, pâquerettes et boutons-d'or, ou bien ils ont élu une seule invitée plus rare, un pétale qui suffit à faire un présent. Dans le pré là-bas, il y a également les grands acacias qui pleurent de sexuelles larmes blanches, tout se mélange, va-et-vient fluide entre la vie et les livres, car par l'odeur des arbres ma mémoire relit Annie Ernaux, dans le premier roman de laquelle seulement j'ai trouvé cette stupeur que le parfum qu'exhalent au printemps les acacias est exactement celui des humeurs sexuelles du corps des hommes. Le mimosa qui suture l'hiver. Le muguet des Premiers Mai. Les livres sont des vases, des vases pour le secret, des vases pour les fleurs fanées, pour des fleurs beaucoup plus longtemps.

Lorsque Ludovic a commencé à recueillir les livres de la Bibliothèque Fantôme, il a aussi, par la force des choses, entamé une collection de marque-pages. Le mot est inexact, mais il n'en existe pas d'autre. Une photographie. Un signet de maison d'édition ou de librairie. Une carte postale. Une lettre d'amour. Un dessin d'enfant. Un morceau de tissu. Une fleur séchée. Un fragment de bracelet. Une image pieuse. Un emballage de bonbon. Un ticket de caisse.

Un billet de train. Petites ou grosses coupures. Ce qu'on a sous la main. Il n'y a pas de mot. La lecture achevée, les pages n'ont plus besoin d'être marquées, mais, nulle inadvertance, on n'oublie pas ce qu'on laisse dans les livres. On le laisse là sciemment, pour le retrouver plus tard, ou pour qu'il soit trouvé plus tard, quand on rouvrira le livre et qu'il exhalera, sous la forme de ce vestige pauvre, un fragment du passé, ou le souvenir d'un être cher. Ces bribes modestes de réel transforment les livres en herbiers, en albums, en écrins. Boîtes à moments. *Memento mori*. Bouteilles à la mer. Capsules de temps.

À l'échelle de la bibliothèque, chaque livre joue ce même rôle.

Jaume Cabré consacre presque tout le chapitre 29 de *Confiteor*, c'est-à-dire le centre du roman, au récit de la création d'une bibliothèque. S'il s'étend sur plusieurs pages, ce n'est pas significatif, il y est finalement peu question des livres même s'ils ont le rôle principal, car, comme dans tout son roman, Jaume Cabré mêle plusieurs petits ou plus grands univers, espaces et temps, glissant de l'un à l'autre insensiblement, sans transition aucune, et ainsi, le récit passe sans crier gare des actions et des échanges d'Adrià, celui dont la bibliothèque est en train de naître, et de son ami Bernat venu lui apporter son aide, au dialogue du shérif Carson et de l'Indien Aigle-Noir, figurines de son enfance sur la table de nuit, à celui d'Adrià et de Caterina, la femme de ménage qu'il engagera par la suite, tandis que sont racontés tout le long la partition et le rangement des livres, la création de la bibliothèque, sur le modèle de la création du monde. C'est ce modèle qui me plaît tant, et que, à l'échelle d'une unique phrase ou d'un seul paragraphe, soient apposés en une symbiose parfaite la genèse mythologique et l'agencement des livres. Pour exemple : « Dans la chambre des parents, qu'il avait réussi à faire sienne, ils placèrent la poésie et les livres de musique, et il fit s'écarter les eaux d'en bas afin qu'il y eût un lieu sec et il lui donna le nom de terre, et il nomma les eaux mers et océans. » Je crois que ce que j'aime aussi, c'est que la bibliothèque d'Adrià s'installe dans tout l'appartement, dans ses pièces maîtresses et nobles comme dans les toilettes et la cuisine et dans les couloirs qui relient entre eux ces différents lieux de vie, et que finalement cette continuité invasive soit à l'image et l'image de la technique de récit si prodigieuse de Jaume Cabré.

Chez nous, *le père de mes enfants*, nos enfants et moi, il n'y a jamais eu beaucoup d'ustensiles de cuisine. Le strict minimum. Le foyer s'est doté très peu à peu et au petit bonheur la chance d'une louche, d'une planche à pain, d'une carafe, de tous ces objets qui font famille pour recevoir des amis, le service de table des jours de fête, les couverts assortis, des couteaux au tranchant véritable. Quand nous nous sommes mariés, nous n'avons pas déposé de liste de mariage traditionnelle dans un grand magasin, nous n'avons pas ouvert de compte dans une agence de voyages pour la lune, mais dans une grande librairie, et nous avons couvert nos noces de livres. Il n'existe pas d'inventaire officiel de cette bibliothèque de mariage, seulement la liste des généreux donateurs avec les sommes allouées par chacun à notre calfeutrage, et nos souvenirs. Passereaux, nous préparions le nid. Dans nos choix je me souviens très bien des œuvres romanesques complètes de Victor Hugo, des textes essentiels de Winnicott, de toute la collection de poche à la couverture jaune de Marcel Pagnol. Une bibliothèque familiale. Cette contribution est venue rejoindre, pour former un être sinon déjà monstrueux, du moins curieux, nos deux bagages livresques d'étudiants, philosophie et peinture pour lui, littérature contemporaine et littérature des Lumières pour moi.

Un jour, cet être double fut complété par une autre bibliothèque familiale, au destin romanesque. Quand ils partirent vivre aux Antilles, les parents du *père de mes enfants* furent contraints d'abandonner la plus grande partie de leur bibliothèque. Comme un garde-meuble aurait coûté trop cher et qu'aucun de leurs proches n'avait la possibilité d'héberger leurs livres pendant une absence qui n'avait pas de durée déterminée, ils décidèrent de créer dans l'appartement qu'ils quittaient et allaient mettre en location une pièce secrète. Ainsi fut fait. Ils murèrent une petite partie de leur ancien salon, créant comme un tiroir à double fond dans un secrétaire. Ils y entreposèrent les livres de leur jeunesse et quittèrent la ville et le continent. Cette pièce resta murée plus de vingt ans. Lorsque la mère du *père de mes enfants* récupéra l'appartement, elle ouvrit la pièce secrète. Que faire de tous ces livres ? Sa vie avait changé, elle était rentrée depuis longtemps de la Guadeloupe, elle avait divorcé, habitait un appartement plus petit dans une ville plus petite, dans une île plus petite, donc encore une fois isolée par la mer. Le père, lui, vivait depuis quelque temps déjà dans un autre territoire d'outre-mer, autre île encore plus lointaine encore, ayant tiré un trait de plus de dix mille kilomètres sur son passé, plus indifférent que son ex-épouse au contenu du double fond. Que faire de tous ces livres ? Je comprends qu'elle ne se reconnût plus dans sa bibliothèque parce qu'elle avait vécu trop longtemps loin d'elle : un animal en perpétuel renouvellement retrouve sa mue d'il y a vingt ans et la contemple comme un objet étranger dont il a du mal à identifier la nature, et même qu'il soit sien. *Le père de mes enfants* sauva la bibliothèque d'une vente incertaine, plus certainement d'un abandon. Les livres arrivèrent chez nous dans plusieurs cartons et nous les installâmes au long cours sur les étagères couvrant tout le mur de notre long couloir, recomposant l'identité profonde des êtres auxquels ils avaient appartenu, archéologues de leur milieu social, de leurs études, de leurs goûts, de leurs convictions. Elle comprend notamment, outre une collection abondante, semblant s'être efforcée à la complétude, des œuvres d'Agatha Christie, une autre de « Que sais-je ? » au savoir fragmentaire périmé, plusieurs très anciennes éditions rongées par le temps du *Capital* de Karl Marx.

Et à présent, c'est le début de l'été. Trois ans après celui de la dernière tentation, de la dernière tentative. Tout ce qui a été fait peut être défait. *Le père de mes enfants* déménage, il vivra désormais dans notre ancien appartement au long couloir, y accueillera les petits deux ou trois nuits par semaine et en fait, autant de fois que les uns et les autres le voudront. Nous balbutions une souplesse dont nous pensons qu'elle nous honore. Les deux lieux de vie sont à deux pas. La place à traverser, la taille d'un village. Pour déménager, une valise suffit, et plusieurs allers-retours. Avant même ses vêtements, ce que déplace *le père de mes enfants*, ce sont les livres. Pour la plupart d'entre eux, c'est un retour. Il me demande d'être présente lorsqu'il ponctionne le mur d'angle du salon, celui de la chambre. Il faut que je valide ses souvenirs. À moi. À toi. Voici la séparation véritable. Il me semble que nous ne nous séparons vraiment qu'en cet instant où nous séparons les livres. C'est à ce moment, dans cette lumière blanche de début d'été, que le récit de Jaume Cabré me revient : « Et ainsi les deux hommes sages décidèrent qu'il laisserait dans le bureau les manuscrits et les incunables qu'il achèterait, les objets fragiles, les livres de ses parents, les disques, les partitions et les dictionnaires d'usage le plus fréquent, et ils séparèrent les eaux d'en bas de celles d'en haut et ainsi fut fait le firmament avec ses nuages, séparé des eaux de la mer. » Je pense au partage des eaux. Mais pensant au partage des eaux, je pense à la perte des eaux, et à cette méprise ahurissante captée un jour dans le RER, dans mon dos la conversation de toutes jeunes filles habitantes sans doute de banlieues dures, ayant surtout de leur langue le contact oral et peu l'écrit, et se demandant comment est possible cette chose dont elles ont entendu parler les femmes qui les entourent et les précèdent, racontant leurs accouchements, *perdre les os*, dans leur interrogation tout l'effroi nécessaire. Je pense à la perte des os parce que j'ai l'impression que c'est ce qui a lieu, le désossement de la bibliothèque, et que je le ressens à cette profondeur, dans mes propres os. Les ponctions sur les murs creusent de petits vides que je regarde au fur et à mesure qu'ils apparaissent et dans lesquels je me sens aspirée. À toi. À moi. Il décide que les livres de la bibliothèque de mariage resteront là, car il s'agit de l'héritage des enfants et que ces livres n'appartiennent ni à lui ni à moi, que le frère et la sœur, cet autre couple en tout dissemblable, auront sans doute un jour à partager. Il prend quand même les Pagnol. Il ne souhaite pas emporter en revanche les volumes de la pièce romanesquement murée, peut-être parce qu'ils sont trop nombreux, ou trop marqués, parce que ce sont les livres de ses parents, des livres de transmission aussi, comme nos matrimoniaux, et ils demeurent au firmament du mur, colorant ce ciel de leurs couleurs franches, le jaune orange des Masques, et tous les anciens Livre de poche aux nuances de forêts.

Parfois, nous ne sommes pas d'accord. Il pense qu'un livre est à lui alors que je pense pouvoir dire exactement à quel moment et en quelles circonstances il est entré en ma possession. Le plus souvent, je cède. Ce n'est pas tant que je veuille éviter le conflit, j'accepte simplement l'éventualité de me tromper, d'être persuadée qu'un livre est mien parce que l'appropriation que j'en ai faite durant toutes ces années a incrémenté en moi une histoire à laquelle je crois sans faille alors qu'il est possible qu'elle soit complètement inventée par les habitudes et le désir présent qu'elle soit vraie. Nous avons suffisamment d'exemplaires de *La Princesse de Clèves* pour éviter tout litige à son sujet. Parfois, je sais pertinemment qu'un livre n'est pas à moi et il me coûte beaucoup de m'en séparer. D'un ou deux de ceux-là, *le père de mes enfants* me fait présent. J'entame une liste des livres à retrouver. J'en laisse partir d'autres sans rechigner, parce que je convoite une nouvelle édition. Je prévois de me souvenir des livres qui ont été là et ne le sont plus, afin de pouvoir, si le besoin s'en fait sentir, aller les emprunter à quelques rues. *Le père de mes enfants* laisse derrière lui tout un tas de livres qui sont les siens sans aucune ambiguïté, des livres de philosophie, des romans donnés par les amis qui les ont écrits, des cadeaux qui n'ont pas fait mouche, parfois même des cadeaux de ma part, même le catalogue de photographies de Jean-Loup Sief que je lui ai offert le jour de nos fiançailles, dont le verso de la première page porte un petit mot de ma main comme seules la jeunesse et cette croyance qui est ignorance savent en écrire, daté du 20 octobre 2000 et signé « ta fiancée heureuse », des livres dans lesquels je suppose qu'il ne se reconnaît plus ou ne s'est jamais reconnu. Ils restent là. Moi non plus je ne me reconnais pas en eux. Des livres comme des enfants pour les pères incertains : je ne les reconnais pas. Je leur laisse cependant pour l'instant la légitimité d'être là. Ils ont une présence provisoire qui leur confère le rôle de témoins d'un état précédent de l'histoire, un complément circonstanciel de temps. Un jour, je les trierai et certains disparaîtront des étagères.

Ils ne me regardent pas. Je ne les regarde pas, je fais comme s'ils n'étaient pas là.

À toi. À moi. Mais les vides ainsi créés sont entièrement miens. Je me demande si je n'ai pas commencé à prendre en photographie les gens qui lisent dans le métro, si je ne me suis pas obstinée, pendant ces trois années de séparation, à constituer une collection pour compenser un jour cette saignée, recomposer à ma manière, préventivement et secrètement, la perte à venir. Cette raison à présent éclipse toutes les autres raisons.

Il n'y a pas eu de destruction de monde. C'était simplement une forêt qui avait sa taille propre, sa densité, sa constitution propres, et qu'un phénomène naturel, érosion suivie de tempêtes, a élaguée.

Au cours d'une de nos discussions, Ludovic m'apprend que les bibliothèques ont leur vocable horticole. Comme les jardins, elles ont besoin de désherbage. Il consiste, pour cause d'encombrement et d'organisation, à trier les livres qu'elles possèdent, à se séparer des moins lus, des erreurs d'acquisition ou des livres anciens tombés en désuétude, et permettre ainsi la mise en valeur, la restauration, l'accueil d'autres, plus récents, plus convoités ou jugés plus pertinents pour ceux que l'on n'appelle pas, dans ce cadre protocolaire, des lecteurs, mais des usagers. Cette opération requiert des méthodes, produit des manuels, des règles collectives, mais quiconque possède une bibliothèque sait par expérience qu'il en est aussi le jardinier. On pourrait laisser filer la métaphore, laisser les herbes folles grignoter le champ des livres, en suivant par exemple le sillage de la madeleine, qui voyage du prénom de la cuisinière qui peut-être l'inventa aux pages de Proust, mais qui, en horticulture, nomme aussi différentes espèces de fruits dont la maturation précoce permet la cueillette à la Sainte-Madeleine, le 22 juillet.

*Le père de mes enfants* et moi avons procédé à un désherbage un peu particulier. Des clairières sont nées. Des orées dans les frondaisons. Je m'accroche à cette image de la clairière. Faire clairière. Y voir clair, plus clair sinon clair. Je ne suis pas pressée de combler les vides. Ils me ravissent par la promesse qu'ils constituent de pouvoir accueillir d'autres livres. Certains de ceux que j'ai trouvés dans la rue ou dans les boutiques d'occasion y ont déjà une place dont je sais qu'elle n'est que transitoire. Je les dépose simplement sur les étagères, dans les caisses de vin, par terre, sans suivre aucun ordre, pas même celui de leur arrivée. Parfois, j'en rapproche quelques-uns qui vont bien ensemble, par exemple les livres de trois amis qui se connaissent dans la vie, qui viendront former le début d'une constellation, d'un massif d'arbres parents, un début sans suite. Ou bien des livres dont je pense qu'ils ont des choses à se dire, et je les imagine bruissant silencieusement, au-delà du langage dont pourtant ils sont faits. J'aime le projet de donner un jour une belle cohérence à tout cela, mais j'aime aussi que ce projet reste projet.

Je sais bien que le lieu de mes livres me reflète, que c'est même plus qu'un reflet, qu'il est la cartographie de ma vie et la projection dispersée de tout mon corps, et qu'alors ce que je suis n'a, d'un point de vue humain, c'est-à-dire d'un point de vue cartésien, aucun sens, que c'est une forme trouée, une somme de rencontres et de hasards, un jeté pêle-mêle, un grand désordre dans lesquels les âges et les territoires ne se succèdent plus mais se fondent. Ma bibliothèque est un modèle réduit de cet ensemble de cellules qu'est la vie, sans cesse mourant, sans cesse se renouvelant, grouillant, et dont je voudrais penser qu'elles ne sont pas assignées à une seule fonction mais qu'elles contiennent chacune toutes les fonctions, et que chacune est vitale, alors chaque livre serait non pas seulement le témoin d'un instant de la vie mais, dans un concentré instable et perpétuellement mouvementé, celui de la vie tout entière. Ce n'est un désordre que d'un point de vue humain cartésien. Mais imaginons de pouvoir adopter un point de vue tout autre, un point de vue humain non cartésien, ou sauvage, ou mieux un point de vue non humain, le point de vue de la vie même, par exemple celui d'une forêt, pleine de tous ses arbres, de toutes ses plantes et de toute sa faune, animaux, oiseaux et de toutes ses bestioles, de ses pierres et de ses eaux, une forêt où l'homme n'aurait jamais pénétré et qu'il tiendrait, s'il pouvait y jeter un regard et une pensée humains rationnels, pour un territoire parfaitement incompréhensible et irréductible.

Alors ce ne serait pas le désordre, ce serait la force de la vie même.

Cet ouvrage a été imprimé en France par
CPI Bussière
Z.I. rue Pelletier Doisy
18200 Saint-Amand-Montrond (France)

pour le compte des Éditions Fayard
en juin 2020

*Photocomposition Belle Page*

Dépôt légal : juin 2020
N° d'édition : 43-8041-4/01 - N° d'impression : 2051612